杀死营销

打造企业IP新策略

〔美〕乔·普利兹（Joe Pulizzi）
罗伯特·罗斯（Robert Rose） 著

孙庆磊 朱振奎 译

中国人民大学出版社
·北京·

谨以此书献给伊丽莎白和帕姆

　　我从未找到一个真正属于自己的地方，但是没关系，亲爱的，你在哪，家就在哪。

　　　　　　　　　　——比利·乔尔（歌曲《You're my home》）

译者序

万物互联的时代，万物皆可内容化

自 2010 年开始，和曹老师一起筹划内容营销系列丛书已接近十年的时间。随着新书的不断出版，这套丛书涵盖了内容创作、团队管理、策略规划到内容创业等一系列选题，汇集了全世界顶尖内容营销专家的智慧。特别要感谢的，是美国内容营销协会创始人乔·普利兹，他开创的现代内容营销理念给我们带来巨大的认知冲击。

十年来，"内容营销"在国内从默默无闻变成了商界炙手可热的一个门类。"首席内容官"也一度成为各路企业必备的高层岗位。

因为移动互联网的产生，消费者获取内容不再受时间和空间的局限，变得前所未有地便利，于是我们都变成了"研究型消费者"。在做购买决定之前，我们游走于各个渠道搜索相关的内容自行研究，直到感觉自己成为"专家"，才做出决策，这一过程既是研究也可以享受到学习的乐趣。在这一趋势的推动下，很多优秀的内容化公司随之诞生，如汽车之家、新氧……也有很多老牌企业逐步内容化，比如宝洁、可口可乐、红牛等。

十年间，我们也见到很多策划公司动辄拿出一套"整合内容营销传播策略"来说服客户，进行所谓的"内容转型"。其实骨子里还是先定位，后广告投放，再到公关运作的一系列传统营销手段。这套"策略"除了名字变成"内容营销"，其他的都没有变，重点还是在"营销"，而非"内容"。

这次，内容营销之父乔·普利兹和他的搭档罗伯特·罗斯为读者带来了《杀死营销——打造企业IP的新策略》，从一个前所未有的角度讲明白了"内容营销"到底咋回事。

乔非常清晰地指明，内容营销不同于"广告"。它不是吸引顾客的手段，而是与顾客的一种长期连接、一种人文精神、一种存在方式。内容营销的本质是连接，用内容创造产品与顾客之间的连接，用内容创造企业与顾客之间的连接，用内容创造顾客与顾客之间的连接。

在未来，一切皆可内容化，内容就是产品，产品也是内容。很多创业者总说自己的产品特别好，但是这种"好"如果不能转化成内容，那企业就没有生存空间。因为只有有价值的内容才能在互联网上实现流通和留存，而流通和留存的内容能够创造互动、创造连接、创建社区。

万物互联的时代，万物皆可内容。

立志实施内容营销的企业，应该致力于在某个领域成为人们独一无二的信息源头，进而解决人们的实际问题。这些信息可以是教育文章、电子书、视频、娱乐和网络研讨会等等。形式并不重要，因为它可以随用户接收的渠道而变。无论多么普通的产品，都能通过内容营销让它变得与众不同。

只有在潜在客户关注的领域成为权威信息源，你的业务才有可能被精准受众发现并赢得信任。更重要的是，这些内容资产将助你强化客户关系，建立活跃社区，进而提升产品销量并形成长期盈利模式。

在不远的将来，所有优秀的公司必然是内容化公司，它们必将掌握品牌和产品内容化的方法。而在国内，这种树立内容权威的方式还有一个大家更为熟悉的名字，叫作"IP"。每家企业都需要构建"IP"，这也是本书的核心内容——如何构建企业IP，成为一家优秀的内容化公司。

对比以往的商业环境和充满技巧的营销手段，在这个没有秘密的万物互联新世界里，一切行为都会很快暴露在阳光下。新商业需要完全不同的顾客互动方式——用有价值的内容凸显价值，与顾客形成持续连接。

亲爱的读者，现在就通过这本书，聆听内容营销之父乔·普利兹和搭档罗伯特·罗斯的真知灼见，然后拿起内容营销的钥匙，打开一个新的世界吧！

孙庆磊

赞　誉

　　乔和罗伯特再一次带我们看见营销的未来。更为重要的是，本书还清楚地告诉大家该如何引领营销的未来，两位作者超前的见解和大胆开拓的气魄跃然纸上。

　　　　　　——乔纳森·米尔登霍尔，爱彼迎首席营销官

　　将内容营销变成盈利的中心，本书充满极具创意的思想。跟我一起阅读这本书，你也会成为他们的信徒。

　　　　　　——艾·里斯，定位理念开创者、《定位》作者

　　乔和罗伯特已经勾勒出 21 世纪的营销蓝图，让我们大开眼界。他们将重心放在了客户和盈利两个基本元素上。本书告诉我们如何先有客户再有盈利模式，这个思想颠覆了传统营销模式。

　　　　　　——唐·舒尔茨，整合营销开创者、《整合营销传播》作者

　　全球知名营销大师乔和罗伯特从实战角度，为营销从业者指

赞 誉

出从媒体购买到成为杰出内容公司的升级路径。

——凯西·巴顿·贝尔，艾默生高级副总裁兼首席营销官

本书是资深营销从业者的实战手册，讲述了营销人员在实现已有营销职责之外如何探索更大的想象空间。

——史蒂芬妮·洛西，Visa首席内容官

有时候循规蹈矩就是停滞不前。这本书重新定义了营销规则，用有价值的内容塑造品牌忠诚度、打破常规、改变套路，你可能有些不习惯，但这套方法的确非常有效。

——杰弗里·海兹勒特，著名主持人、演讲家、作家

本书将挑战你对营销的已有认知，让你的目光不仅仅局限于已知的营销方法，同时改变了营销模式，从根本上重塑了营销的目的。

——蒂莫西·麦克多纳，摩恩公司全球品牌营销副总裁

本书极具争议性，但只有争议性的营销思想，才可能成就新旧更替商业环境下最为成功的营销模式。

——拉吉·穆努萨米，施耐德电气首席内容官

想象营销部门是盈利的中心,而不是花费成本的中心,是不是感到不可思议?这正是营销需要被颠覆的认知。驱动创新,大声说出你的主张,才能引领商业发展。

——安·汉德利,《华尔街日报》畅销书作者、
MarketingProfs 首席内容官

本书生动形象地阐释了内容对于市场营销的深刻意义。互联网后半场,内容对于客户体验和商业变革而言具有不可小觑的作用。

——卡洛斯·艾伯乐,3M 全球内容营销和战略领导者

购买本书,在营销预算和资产负债表上进行变革。

——丽贝卡·利布,分析师、咨询师、
《内容:营销的原子粒子》作者

愿营销安眠。确实如此。本书正在终结你把营销当作花销部门的想法。

——杰森·米勒,领英全球内容营销领导者

推 荐 序

当乔和罗伯特第一次向我提出"杀死传统营销"的概念时，我立即想到那种让自己的公司完全变成一家传媒公司，通过媒体产生的内容实现盈利的现象。

我想到了红牛公司，因为大家都应该会想到它吧。红牛公司是一家很早就实现内容营销变现的优秀企业——它通过内容培养了自己的受众，之后又通过这种媒体与受众之间的关系实现了盈利。内容让红牛公司的商业模式发生了彻底的改变，红牛公司已对外宣称自己不再是一家发布传媒内容的功能饮料公司，而是一家顺便销售功能饮料的传媒公司了。

很多曾与我交流过此问题的营销人，不仅怀疑红牛公司的商业模式，而且表现出对这种内容营销的不"感冒"：为什么首席营销官们想要把品牌变成传媒公司，传媒公司的商业模式明明在瓦解啊？如果不是因为传媒公司商业模式的瓦解，我们这些营销人才不会在第一时间就陷入"广告不再起作用了，现在我必须学着创造内容"的窘境。

之后我开始渐渐理解，内容营销对企业的改造其实远远超出了像传媒公司那样思考和行动。它会让你感觉之前我们对传统营销的所有假设可能都是错的。

在红牛的商业模式兴起几年后，我认识的所有首席营销官和企业创始人基本都开始在企业内部设立内容制造部门；尽管大多数人怀着不情愿和几分无奈的情绪。他们怀有这样的情绪也许是因为他们错过了乔和罗伯特合著的《杀死营销》：一本全方位介绍企业如何才能实现"红牛式"转变的奇书。

每一个机构都可以用内容营销来实现首席营销官的价值：只要使用适合这些企业的内容营销方式，传统的营销部门可以成为真正的盈利部门。由内容营销产生的与顾客的互动可以启发公司开设新的产品线。它可以让公司找到真正的企业战略重点，促使品牌宣传的调整，让最前沿的顾客体验的涟漪层层传导到企业的最高管理层。

本书是指导营销部门应该发挥怎样的作用以及现在如何改变的高级执行手册。内容营销让红牛公司变成了一家传媒公司。内容营销也可以以其他的形式改变你的企业。至少，它最终会在你的公司形成一种机制，让营销从企业的负担变成可以自我盈利的手段。

斯蒂芬妮·洛西，首席内容官

目 录

前 言 ·· 1

第一章 杀死传统营销 ···························· 16
    我们是如何走到这一步的？ ················ 19
    原创内容：忠诚度策略 ······················ 21
    内容：营销策略 ································ 23
    内容：营销战略 ································ 25
    内容：商业战略 ································ 27
    内容：商业模式 ································ 28
    杀死传统营销 ··································· 29

第二章 回归受众 ································ 39
    营销"问题" ····································· 41
    对营销投资的衡量 ···························· 42
    新的营销问题 ··································· 44
    有没有更好的方法呢？ ······················ 49

回归受众 ·· 52
　　新的营销准则 ·· 60

第三章　自媒体营销 ·· 62
　　内容商业模式 ·· 64
　　媒体品牌还是产品品牌？ ·· 65
　　相同的商业模式 ·· 67
　　解构迪士尼 ·· 69
　　更好的营销模式 ·· 72
　　仅有内容还不够 ·· 81
　　建立商业模式，而不仅仅是业务支持 ·································· 84

第四章　收入模型 ·· 87
　　案例：内容营销协会 ·· 88
　　媒体营销收入模型 ·· 97

第五章　营销媒体的成本节约模型 ·· 124
　　新的营销媒体成本节约模型 ··· 126
　　受众：战略储蓄账户 ··· 139

第六章　杀死传统营销的第一步 ·· 143
　　营销对客户的变化反应迟钝的问题 ··································· 144
　　模式转变的三个核心要素 ··· 147

用创建内容体验的方式重新设计营销 ………… 158

第七章 单一媒体商业模式 ………… 161
一种简化的方法 ………… 162
创建业务清单 ………… 166
单一商业模式 ………… 168
单一媒体战略 ………… 170
你取得收入的最好机会 ………… 182
订阅者的层次结构 ………… 183

第八章 今天：一切的开始 ………… 190
最小可行性受众 ………… 197
你的核心粉丝群 ………… 198
先建立商业模式，再实现多样化 ………… 199
开展计划要像经营电视台 ………… 201
买入的两种方法 ………… 204
自建还是收购？ ………… 206
公司估值和更好地利用现金 ………… 214
如果你想大步向前，请不要浅尝辄止 ………… 215
可能发生的最糟糕的事是什么？ ………… 216

第九章 现在怎么办：转型中学到的经验 ………… 219
美国鞋业销售网站 Zappos ………… 220

施耐德电气 ················· 223
　　健身品牌 LIFE TIME FITNESS ········· 225
　　恪守公司价值观和保持灵活性 ·········· 230

第十章　营销的未来 ················ 234
　　跳出我们自己的营销方式 ············ 237
　　业务转型案例 ················· 242
　　让我数一下一共有几种方式 ··········· 244
　　无法移动的目标遇上不可阻挡的力量 ······· 248
　　开启停止清单 ················· 249
　　万一我们错了呢？ ··············· 250

参考文献 ···················· 256

致　　谢 ···················· 267

前　言

在棒球运动中，对于了解赛场上真正发生的事，他们往往有一个通病——总是问错误的问题。

——彼得·布兰德（电影《点球成金》）

你不懂的东西往往不会让你陷入困境，往往是你确信却错误的东西让你陷入困境。

——马克·吐温

20 世纪 70 年代，以色列心理学家丹尼尔·卡尼曼和阿莫斯·特沃斯基共同撰写了一篇调查论文《对小数字法则的信仰》。这篇论文发现，即使是在专业的学术研究中，如果以小部分来概括整体，那么得出的结论也必然是错误的。比如说，即使众所周知的抛硬币，必然是 50/50 的正反面概率，如果一个项目抛 100 次硬币，前两次都是正面朝上，那么很有可能这个项目会倾向于认为之后出现正面的概率也会比较大——至少会认为比 50% 的概率大。这也就是著名的"赌徒谬误"原理。在轮盘赌博中，如果红色和黑色成为热门，那么赌徒通常会认为红色和黑色会比其他颜色出现的概率更大,但是在统计学上这是完全错误的。

　　作为人类,我们越多地看到一些事物,就越容易把这些看成我们眼中所谓的现实,然而我们常常忽略这样的样本大小是没有办法得出真正的结论的。

* * *

　　20世纪80年代中期,唐·雷德尔迈耶被派遣到位于多伦多周边的新宁医院,他到那里的任务是检验该医院医生所做的各项决定。更具体地说,他负责的是检验医生的诊断证明,然后根据诊断证明的对错给医生提供反馈。

　　很显然,他的工作起初并不受新宁医院医生们的欢迎。医生们会想:一个从创伤中心调过来的人(即唐·雷德尔迈耶)有什么资格检验我们这些专业的医生呢?

　　但是,唐·雷德尔迈耶和跟他做相同工作的人,发现这些医生们"常常对自己的经验和认识有着过度的自信"。简单地说,医生们常常只看到与自己核心业务相关的问题和解决方法,而经常忽视其他他们不太熟悉的病情信号。

　　问题并不在于医生不知道的领域,而恰恰是他们最熟悉的东西让他们犯了错误。

* * *

　　2017年11月,我带着我的儿子亚当参加他们学校的开放日活动。他在上午的时间里上了几节示范课,我们家长也跟着他们一起。我们的第一节课叫作"知识的理论"。

这节课的任务也很简单：欣赏一幅绘有建筑的画作，并且讨论关于这幅画作你所知道的事情。我所在的这一组试图辨认画作年代，画作是真品还是赝品，如果是真品，画中的建筑是不是一个名胜古迹。

当我们的讨论结束时，课堂的老师告诉我们，这幅画的作者是——阿道夫·希特勒。从这一刻开始，我们的所有讨论都开始变了。少部分人甚至开始变得情绪化。真相就是，一旦课堂中的大多数人知道了画作的作者这一信息，他们就不再把这幅画当作一件艺术品来看待了。

课堂上所谓的"已知的东西"永远不会消除，它会持续影响人们对艺术的判断，或许还会继续影响人们的其他判断。

我们已知的事物会妨碍我们对营销的理解吗？

虽然营销不是心理学，医学也不是艺术史，但是前面三个例子对于营销也是适用的。过去的 20 年，我和罗伯特同全世界各个国家的首席执行官、首席营销官、营销总监、销售总监以及品牌营销从业者打交道，其中有些个例，他们的营销或销售方法是完全错误的。

我们会介入，帮他们分析案例、提供建议，并且促使他们利用手中的资源修正他们的营销或销售方法（希望如此）。但过去

20年的这些经历，让我们发现营销和销售的现状至少可以说是，令人不安。

本书是我们的第六部作品。我们的作品，比如说一本书，通常都会以一个问题的答案开篇。比如，在我2013年出的书《内容营销时代》里，我给出了"营销者如何与客户建立忠诚而有效的关系"这一问题的答案，那就是持续不断地为客户提供有价值的内容以促进销售。2015年，罗伯特（和卡拉·约翰逊）写了一本书，名为《体验：市场营销的7个纪元》，回答了"在当今的商业环境下，如何创造、管理、量化、促进、规范内容驱动的体验"这一问题。

但是你手头的这本书，没有从问题的答案这一角度入手。这本书是以问题开始的，这些问题都是我和罗伯特碰到的极为棘手的问题。

■ 如果我们曾经学到和体验过的营销知识没让我们看到问题的全貌，怎么办？

■ 如果我们把自己的营销视角局限在一个地方（我们的已知），没办法让我们发挥全部的潜力去做成一些事（我们的未知），怎么办？

■ 如果仅仅把营销局限在营销部门而扼杀了营销在企业发展中的战略性作用，怎么办？

换句话说，如果我们认为对的营销知识实际上却阻碍了企业的未来发展，怎么办？

改变好莱坞的一天

让我们以更鲜活的好莱坞电影为例来解释这个问题。

电影《美国风情画》，到现在也是电影史上最赚钱的电影之一。这部电影的成本不到 100 万美元，却收获 1.4 亿美元的票房。《美国风情画》成功后，导演乔治·卢卡斯炙手可热，于是他开始向好莱坞的制片厂推销自己的下一个风险投资项目：一个根据科幻小说改编的名叫《星球大战》的科幻电影系列。

那时，好莱坞有一大批科幻电影票房惨淡，整个好莱坞工业也没有看出《星球大战》大卖的潜质。最后，20 世纪福克斯公司抱着试试看的态度投资了这部电影。但是，20 世纪福克斯公司的管理层仍然觉得这部电影不会大卖，于是同意乔治·卢卡斯用 50 万美元导演费回购《星球大战》的代理权和产品开发权。20 世纪福克斯公司认为他们在没有产生负面影响的情况下节约了 50 万美元的成本。

从 1977 年到 2015 年（在迪士尼发行《星球大战：原力觉醒》之前），《星球大战》系列电影的票房收入仅为 50 多亿美元，然而同期的电影周边产品的销售额却已经达到了 120 亿美元。

20 世纪福克斯公司以极低的价格卖给乔治·卢卡斯的代理

权和产品开发权，却产生了天价的收益。据说，当时几乎所有的好莱坞业内人士都认为，一部电影只能靠电影的票房赚钱。

乔治·卢卡斯以完全不同的视角看待电影产业，并永久地改变了这个产业。

那么，是否大多数公司首席执行官和首席营销官也可能像好莱坞的这些业内人士一样，仅依靠自己有限的所知（他们认为对的营销知识）做判断，而看不到潜在的价值（他们未知的知识）？他们是否在自己都不知情的情况下，正从内部杀死公司的营销？

营销的目的

著名的营销学教授菲利普·科特勒阐述了一个理论，那就是"营销的秘诀在于 CCDVTP"。CCDVTP 是一个句子（Create, Communicate, and Deliver Value to a Target market at a Profit）的首字母缩写，这句话意在说明营销的核心作用是：创造，沟通，向目标市场传递价值以实现盈利。

显然，菲利普·科特勒所说的"盈利"是指为提升公司业绩，营销所拉动的产品销售应当多于营销的花费。这就是营销人员常说的营销投资回报率（ROI）。

在过去的 50 年里，大多数营销从业者都把精力放在了广告上，或是在各种通道租用空间吸引人们的注意力，企图以此来改变消费者的行为。但是在过去的 10 年里，创新企业其实已经找到了一种向目标市场传递价值的"新"方式。这种方式，就叫内容营销，它是指企业生产与产品相关的、具有吸引力的内容，然后把这些内容传递给特定的受众群体的营销方式，随着时间的推移，这种营销方式会改变受众的消费行为，最终可以转化成企业的盈利。一些企业，比如美国约翰·迪尔公司*，已经使用内容营销的方法超过 100 年了，然而对于其他企业，内容营销还是一个新概念。但无论如何，营销的目的没有变。

通常，企业会用以下三种模式创造和传播非产品属性内容：

- 增加收入（销售目标或赢得客户）
- 节约成本（实现成本节约目标或以低成本创造客户）
- 创造更多的忠实客户（客户留存目标或保持客户数量）

但是，最新兴起的一种新的内容营销模式，彻底改变了整个营销业的运作。

---

* 一家跨国农机企业，成立于 1837 年，早在 1895 年，其创始人约翰·迪尔就发布了他的客户杂志，对农户进行内容营销。本书带星号的脚注均为译者注。

第四种模式：营销部门成为一个盈利机构

我曾有机会与红牛公司旗下杂志《红色公告》的主编罗伯特·斯珀尔一起交流，他亲自向我解释过红牛媒体工作室的起源。2005年，这家功能饮料巨头成为一级方程式赛车（F1）比赛的主要赞助商。红牛赞助这项赛事的同时也设立了一个小目标：为这项赛事的粉丝出版一个记录赛事结果的印刷版杂志。

在每场比赛之前，红牛公司的编辑团队都会收集比赛的内幕新闻和赛事历史趣闻，然后把搜集到的信息整合、印刷到这本杂志上。为了在杂志上加入比赛的结果并快速完成整本杂志，他们甚至在每辆运送卡车上都配备了一台重达一吨的海德堡胶印机。当比赛结束的那一瞬间，他们会快速地把比赛结果用海德堡胶印机打印在准备好的杂志上，然后把杂志发给准备离开的现场观众——这是一个让人难以想象的速度。

两年之后，红牛公司决定把这本记录比赛结果的杂志改进成一本男士生活方式杂志。这就是日后在5个国家发行的《红色公告》杂志，它包含70%的国际内容和30%的本地内容。今天，《红色公告》杂志已经用5种语言发行到了10个国家。红牛公司需要每月印刷200万份杂志，其中有55万份付费邮寄订阅用户。

对于《红色公告》这本杂志，已经不能用它卖出多少罐红牛饮料或者说服多少用户选择红牛产品来形容了。它已经完全成为一家独立的媒体公司——红牛媒体工作室已经独立运营并且产生利润，就像知名的媒体公司美国《华盛顿邮报》、CNN、英国《金融时报》一样。

现在，红牛媒体工作室已成为全世界最成功的媒体公司之一。以杂志起家的他们已经涉足电视剧、纪录片、世界大赛转播、音乐制作、产品推广等领域，甚至还向《纽约时报》这样的传统媒体公司出售他们的版权内容。

当其他公司最多把营销当成附带项目的时候，红牛公司是如何抓住这个机会的呢？很简单——罗伯特·斯珀尔和红牛媒体工作室的主要成员都来自传媒和出版行业。就像乔治·卢卡斯一样，红牛公司的内容制作者是以新的发展的眼光，而不是以陈旧的传统营销从业者的眼光来看待营销。

如今，红牛的商业模式已经在商业世界被不同程度地复制。各类B2B公司、B2C公司以及非营利组织都意识到了它们应该为客户创造有价值、有吸引力的内容，一种新的营销商业模式出现了，那就是：营销部门独立成为一个盈利机构。

我们真的可以把营销从财务成本预算转移到收入预算上来吗？营销真的可以以多种商业模式为企业服务吗？

本书会展示一种全新的营销商业模式：它是一股可以撬动营销业和广告业的破坏性力量，会从根本上改变你对企业营销目标的看法。就像好莱坞的资深从业者没有预估到《星球大战》周边产品大卖那样，我们相信目前大多数的营销从业者对这个新的机会是茫然无知的。

只有一小部分人意识到，想要在当今商业社会取得成功，我们必须杀死传统的营销模式，建立新的营销模式。

云客户管理软件巨头 Salesforce 每年都会在旧金山召开名为 Dreamforce 的大会，这是世界上最具价值的现场大会之一，每年有超过 15 万名观众参加，赞助商的数量更是达到几百家。

美国强生公司完全把 BabyCenter.com 作为公司的一个独立机构来运营。BabyCenter.com 这个网站目前已经以 9 种不同的语言在世界 11 个国家运营，仅用一个月就吸引了 4 500 万儿童家长用户。在美国，80％的母亲都会使用 BabyCenter.com 这个网站。

乐高公司的"乐高大电影"就是一个盈利的营销机构。这个机构仅用 6 000 万美元的预算，就创造了全世界票房盈利近 5 亿美元的神话。

这些例子仅仅是冰山一角，但是在传统营销人的眼中，这些案例可能仅仅是由于运气或者"违规"操作使然。但在可以预见的将来，这种模式将成为一种规则，不再是一种例外，而是全世界所有创新公司的选择。

在产品以外创造价值

根据美国咨询公司 SiriusDecisions 的数据，传统对外推广营销的模式仅有 1/25 的机会得到顾客的注意。一定有比这更好的营销方式。

现在我们就开始探索有没有更好的营销方式。

2016 年，百事公司和亿滋公司（美国食品巨头）都宣布在公司内部设立媒体部门。两家公司的营销主管也都公开谈及，将会把它们的媒体部门当成自给自足甚至是盈利机构来运营。

几个月后，世界 500 强企业、电子设备制造巨头艾睿电子与世界上最强的媒体和赛事转播公司之一的联合商业媒体公司达成收购意向，艾睿电子从联合商业媒体公司手中收购多个 B2B 媒体公司。随后，艾睿电子又与传媒集团赫斯特完成了媒体版权和公司收购。通过这次收购，艾睿电子不仅获得了大量极具价值的订阅用户，也获得了大量编辑人才。而且，这次收购的公司是完全可以自己产生盈利的媒体公司。

红牛、强生、艾睿电子，仍然像其他公司那样用传统的营销手段销售着它们的产品，包括广告模式和传统的公关模式。除此之外，这些公司已经开始设立以内容驱动和用户构建为目的的独立营销部门，这些部门的价值远不止带动公司产品的销售，还直接为公司创造了收益。这些机构，从任何意义上来讲，都可称为"媒体"公司。

当然，这些机构帮助公司销售了更多功能饮料、婴幼儿奶粉、电子元器件。而且通过传递非常有价值的内容，这些机构让客户待的时间更久，买的东西更多，也让新客户更快地产生品牌黏度。另外，客户对这些内容的反馈可以更深层次地揭示客户的行为，从而帮助公司开发新的产品和服务。最后，这些机构还能自给自足甚至为公司创造收益。

这是通用汽车、IBM、思科公司共同选择的未来营销方式，它不仅可以产生更多的客户和机会，而且可以自给自足。

本书想要传递怎样的价值？

过去10年，我和罗伯特注意到了这场变革的开端。现在，很多品牌已经开始在自己的行业加入类似传统出版公司的机构。大型企业也开始并购媒体公司，创建特定内容品牌，售卖广告、从事培训行业、售卖订阅内容都已成为这种营销战略的一部分。

传统广告、直销、数字营销甚至社交媒体都在转型。所有这些转型都指向了一种模式，那就是品牌直接与消费者互动，而不再依靠传统媒体这个媒介来实现这一目标。过去不能实现这一目标，因为那时直接与消费者互动困难重重。

国外社交新闻网站Reddit的联合创始人亚历克西斯·奥海涅说得好："几个世纪以来，创新都仅限于发生在那些掌握生产资料和劳动力的人身上。现在，你可以随意在网上创造和展示（分发）你的想法。当然，如果创新对你来说变得更加容易，那么同样的，其他人也会发现创新变得更容易了。"通过互联网对数字内容的分发和传播，内容可以触及的受众范围变得前所未有的广阔。**当今社会的竞争实际上就仅剩能力和天赋的竞争。**我们已知的传统营销其实正在慢慢死去,但是大多数的公司营销负责人却没有看到这一点。

本书既有前瞻性,又具可行性。它将为大家介绍企业如何开始这场营销的变革。它将阐明企业如何进行下面的操作:

■ 将企业部分负责营销的部门转变为"媒体公司"。

■ 将"内容即价值"的内容营销整合到传统的企业营销部门,并持续投资这种新的营销方式。

■ 找到企业吸引用户、留住用户,与企业常规的对手及传统媒体行业的对手竞争的最佳方法。

■ 形成一套付费和盈利模式,让内容营销部门可以实现自给自足。

■ 向多家成功企业学习,发展出一套适合自己公司的可持续盈利的流程。

以不同的方式思考

无论你是财富 500 强公司的首席执行官、中型企业的营销副总裁或总监，还是小企业主，本书都是适用的。本书尤其适合那些希望（或需要）以不同方式思考如何发展自己企业的人，特别是在当今这个任何人在任何地方都可以购买到你产品和服务的时代。无论你在公司中的职位或角色是什么，如果你参与销售和营销的流程并以此获得收入，本书就是为你而写的。

作为专业的营销从业者，你的职责之一就是消除你对营销这门知识的偏见，开始关注新的营销方式，而不仅仅是一味拉动市场需求。你需要重新认识营销，就像你作为外国人第一次踏入一个陌生的国度那样。问问自己，还有哪些典型的内容营销模式？再问问自己，内容营销还可以做什么？

最终，你必须决定杀死公司的传统营销模式，只有这样，你才能建立起一种全新的营销模式。

未来的营销技巧所需的营销学知识和传媒出版知识是同样重要的。为了企业的生存，我们需要了解它们，因为企业未来的营销商业模式就来自二者的结合。我们希望本书会给你带来一次有趣而富有启发性的旅程。

为了帮助你更好地领会这本书，我们在每章的末尾安排了干货观点。这些都是需要记住的重点和注意事项，会让你对销售、营销和客户互动产生全新的认识。

本书由我和罗伯特·罗斯合作完成。分工如下：前言、第三章、第四章、第七章、第八章由我撰写，其余章节由罗伯特·罗斯撰写。

感谢你决定与我们一起踏上这趟史诗般的旅程。祝好运!

耐心、坚持和汗水会筑就最稳固的成功。

——拿破仑·希尔

干货观点

◆ 在过去的 20 多年,营销发生了根本的变化,然而大多数机构(以及营销人)还是用同样的方式进行营销。

◆ 全世界最具创新力的公司已经认识到了这种变化,开始将营销从成本部门变为盈利中心。

◆ 为了能够从这种新型"内容营销"商业模式中取得成功,你需要忘记营销过去应有的样子,从全新视角出发。

第一章　杀死传统营销

> 大多数公司都不是因为犯错而倒闭，而是因为它们不敢承诺。企业最大的危机就是停滞不前。
>
> ——安迪·格罗夫（英特尔前首席执行官）

> 快，在它生蛋之前杀死它*。
>
> ——互联网流行语

你知道飞机空难也算是一项"发明"吗？

它实际就是。它和机动车车祸、微波炉加热爆米花爆炸、硬盘驱动器读取失败这些事情一样，也是20世纪所产生的"发明"。

这个观点来自法国文化理论家、都市主义者、"速度哲学家"保罗·维利里奥。维利里奥的观点指的是，任何技术和发明都会引发相应的新的灾难。正如他所说："当你发明这艘船时，你也发明了船舶失事；当你发明飞机时，你也发明了飞机空难。"

---

* 这是国外社交网络上的一句流行语，形容当某事非常糟糕且有蔓延之势时，要除掉它的一种心情。这里指要及时抛弃旧有的错误的营销方式。

第一章 杀死传统营销

所有技术创新,无论是船舶、飞机、微波炉、计算机硬盘驱动还是商业中的新方法,都会产生相应的灾难,这些灾难都会对我们人类产生影响。对于我们今天的营销实践而言,这是一个很好的比喻。

在本书的"前言"中,乔提出了一个重要的问题:**"如果我们认为对的营销知识实际上却阻碍了企业的未来发展,怎么办?"**

如果我们最终意识到之前发现的东西其实是营销学意义上的"船舶失事",怎么办?我们应不应该还遵循这些旧营销学知识?我们应不应该重新"发明"一下营销?

如果我们杀死了我们已知的传统营销,那么我们能否发明出新的东西呢?

不幸的是,在这一点上,营销和媒体领域在过去的18年没有根本性的变化。正如我和乔在2011年出版的《管理内容营销》中所写的:

> 我们都认为,移动互联网和社交网络的爆炸性增长正在让所有产业发生巨变。我们察觉到,随着互联网对所有内容制造产业,如期刊业、报业、书业、唱片业和广播电视业等威胁的不断加深,像人力资源经理、旅行社职员、图书管理员、记者、摄影师、摄像师和网页设计师这些工作岗位,将会像打字员、速记员和电梯操作员这些工作岗位一样,不断消失。

社交网络和移动互联网彻底改变了消费者与品牌互动的速度、效率和便捷性，也对品牌产生了巨大影响。这种对消费者参与的需求现在影响着商业的方方面面。现在的营销影响着销售人员的销售、会计师的计算、研究人员的研究、开发人员的开发、服务人员的服务，甚至企业领导者的领导。

有趣的是，作为营销人员，我们非常敏锐地意识到我们周遭世界的变化，却根本没有对营销做出丝毫改变。

现在，要明确的一点是——这里的营销不是指改变营销的目的，也不是指改变营销存在的意义。我们指的是改变营销的功能及其运作方式。正如彼得·德鲁克60年前所说，这项业务的目的是"创造和留住顾客"。他还说过："创新和市场营销产生收益；其余的都是成本。营销是企业独有而特殊的功能。"作为企业独有而特殊的功能，营销的目的就是创造和留住客户。我和乔都完全同意这一点。

唯一的问题是，该用怎样的方式创造和留住客户？

即使我们生活的世界发生了根本性的变化，我们仍然没有改变营销的功能。

我们是如何走到这一步的?

在这场数字内容和媒体革命中,经常被误解的一件事就是内容的创造已经变得大众化。事实并非如此。与古登堡*发明印刷机之前相比,今天原创的难度丝毫没有降低,高质量的内容仍然需要专业人才倾注大量的才华和时间。变得大众化的只是内容的制作和发行方式。在数字内容和媒体革命后的今天,人们不再需要使用特殊的技能、昂贵的工具以及大量的投资才能制作和发行内容,现在的内容制作工具都是简单而且免费的。

有趣但也矛盾的一点是,内容制作和发行的平价化,反而意味着高质量原创内容价值的不断增加。因此,用原创内容吸引受众关注的能力就变得格外重要,用内容影响受众,无论是让受众购买、捐赠、投票、持续关注还是传播商业信息,就变得越来越有价值。

在当今世界,作为消费者的我们拥有可以过滤噪音、直接获取我们喜好的工具。一旦我们这些消费者发现并信任这些我们所喜好的内容,就会倾向于依赖它,并把它作为我们娱乐和信息的来源。

---

* 古登堡(1397—1468),又译作"古腾堡""谷登堡""古腾贝格",德国发明家,是改进活字印刷术的发明家,他的发明引发了一次媒体革命,迅速地推动了西方科学和社会的发展。

你可以在整个媒体领域看到这种趋势：

■ HBO 的顶级服务"HBO Now"的用户仍然只占 HBO 传统有线电视 5 000 万用户的一小部分，但它在两年内就吸引了 200 万订阅用户，而且用户数还在不断上涨。2017 年，HBO 决定向"HBO Now"的订阅用户提供超过 600 小时的原创内容。

■ 奈飞公司最初只是一家 DVD 租赁服务公司，现在已从 2012 年的约 2 700 万网站订阅用户增加到超过 6 000 万订阅用户。未来几年，奈飞网站上超过 50% 的内容都将是原创内容。

■ 之前受"假新闻"影响而不被信任的《纽约时报》《华盛顿邮报》《大西洋月刊》这样的传统媒体品牌，紧跟新闻媒体环境的变化做出积极改变，其订阅用户目前呈指数级增长。

■ 亚马逊，这家全球最大的零售商，已经创建亚马逊影业公司，花费巨资为其 Prime 付费会员提供原创内容服务。

我们发现这种趋势在原创商业内容的价值方面同样适用。当我们绘制内容的战略价值时，会得到如图 1.1 所示的图形。如图所示，内容的感知价值一开始非常高，然后随着新技术所带来的生产和分销成本的下降，其价值有所回落。现在，随着内容在受众和消费者心目中的地位不断提高，这一价值也开始快速回升。我们可以看看每个阶段的不同情况。

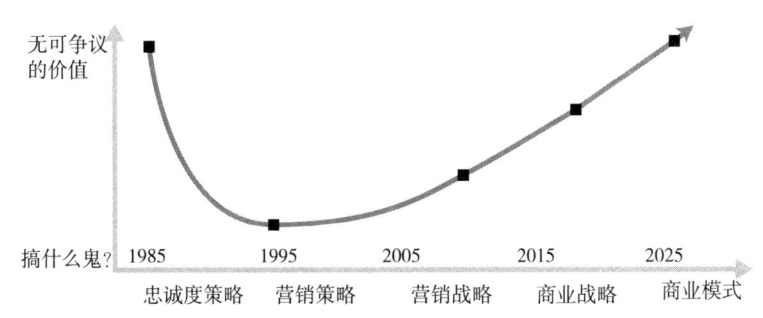

自媒体内容的感知价值随着生产和传播技术的发展呈现快速下降趋势。然而，随着受众与内容制作者关系的密切，获得感、留存度的增加，自媒体内容的感知价值开始不断上升，这也给营销学的复兴带来巨大的机会。

图 1.1　自媒体价值曲线

原创内容：忠诚度策略

在前数字化、前网络化的世界里，对于企业来说原创内容的价格是非常高昂的。为什么？因为每项原创内容都需要企业付费购买。正如我们之前所说，原创内容的创建不需要多么昂贵的花费；制作和分发的过程才是最昂贵的部分。无论是平面广告、宣传册、广告牌还是消费者杂志，企业都需要支付高昂的制作和分发成本。在 20 世纪 80 年代早期（前数字化时代），制作四色全页广告的平均成本约为 8 000 美元，相当于 2017 年的 2 万美元。现在，如果你想制作一个四色全页广告，据专家估算，它的花费可能无限接近 0 美元（假设你拥有合法授权的制作软件），因为你打开 Adobe Photoshop 就可以自己动手制作，或者你可以去互联网寻找解决方案，如 99Designs.com，支付 200 美元即可。而当你直接与从事该专业的自由职业者或代理商签订合同，则你需要为此支付 1 500 美元到 3 万美元的高昂价格。

  对原创内容的分发更加昂贵。由于还没有互联网，你需要按照客户邮箱地址去一个个邮递，或在各零售店里分发你制作的促销彩页，或"租用"媒体公司向受众传达你制作的广告。

  综上所述，原创内容制作和传播的成本（或者说"风险"）很高。然而，当我们尝试创建企业自媒体时，我们可以看到一种新的趋势。正如我和乔在之前的书中所写的，为受众创建企业自媒体，并不是一个新想法。它已经存在了数百年。但是，在前数字化时代，企业自媒体常被用作维持客户忠诚度的策略。比如你在航班座位口袋中看到的杂志，以及你成为会员之后收到的企业寄来的杂志，这些是你成为企业客户后才能获得的额外内容体验。为什么呢？因为在那个时代，只有当你成为它们的客户时，这些企业才知道你愿意接受它们的内容。这些企业有你的地址或电话号码，或者它们会把自己的宣传彩页放在你的购物袋里。这些企业知道如何与你联系，因此，在内容制作和分发成本都相对高昂的时代，忠诚度策略是一个低风险策略。它是一个企业和品牌可以自行控制的分销渠道。

然而，如图 1.1 所示，当我们进入数字化时代后，内容的感知价值急剧下降，这首先是受 20 世纪八九十年代文字处理革命和桌面出版革命的驱使，之后又受到了 21 世纪初互联网的深刻影响。突然之间，你可以使用专业消费级（或企业级）的技术来生成原创内容，并且制作和分发的成本都有所下降。因此，内容制作和分发的成本和风险降低了，企业也开始有兴趣生产更多的内容。

内容：营销策略

21 世纪初是企业决定抛弃传统媒体的时代。数字技术的发展使我们能够绕过传统媒体。我们可以使用现成的技术在网络上构建我们自己的内容分发目的地。我们可以使用电子邮件直接向客户发送消息，在此之后，我们可以直接在企业的社交媒体账号上发布消息。我们甚至可以利用网络技术来建立自己的企业论坛。唯一的困难就是我们需要优化在线网站，以便让用户通过互联网搜索引擎就能很容易地找到。现在的流量非常便宜（甚至免费），我们完全可以通过企业自己的网站发布尽可能多的内容来获得更多的收益。

因此，内容的生产风险和感知价值随着成本的下降而大幅下降。拥有企业自媒体来生产自己的内容成为一种简单的营销策略。于是我们将制作网站内容的责任交给了"年轻人",我们的实习生或者我们的侄女、侄子什么的。企业创建了很多数字营销团队,其唯一的目的就是更多更频繁地创造数字内容。但是,企业给这些团队的资金投入很少。媒体的"真正价值"仍然掌握在传统的制作商和发行商手中。21世纪初曾有一句名言,我们不想"为了几个数字硬币而真的交易美元"。

但很多企业仍然试图占据每一个新的数字内容渠道,并贪婪地将过去的销售和营销规则应用于新的数字世界。理论上说,数字内容比以前的任何方式都更便宜、更容易制作、更容易分发,也更有效率。那么,为什么不可以尽可能多地生产数字内容呢?

因为这样不起作用。内容价值的实现变得越来越困难。发生了什么?规则发生了变化。

现在的人们开始每天消费数字媒体,甚至长达10个小时。我们将大部分时间花在社交网络上。现在脸书用户仅耗费在这一款软件上的时间,平均每天就已高达50分钟。

内容的泛滥迫使企业再次改变它们的模式。谷歌现在已改变算法,奖励"高质量内容",其目的是提高广告商的搜索价值。脸书和其他社交平台也开始决定将用户广告点击当成一种收费的项目来做。新媒体突然间像极了旧媒体,它们开始维护平台与其自身用户的关系,不再愿意提供所有内容的免费分发。一时间,"质量"成为了内容营销中最重要的词汇。即便如此,具有前瞻性的营销人员也已经意识到他们可以在这种环境下竞争,他们不再需要依靠传统媒体进行制作和分发，他们利用智能而又廉价的制作和分发方式，赢得自己的受众。这些营销人员面临的挑战是：他们不仅要创造高质量的原创内容，而且必须成为媒体本身。于是这些营销人员的压力开始增加，因为这种转变需要一样他们过去没有的东西——天赋。

内容：营销战略

随着我们走出2008—2010年的经济萧条，越来越多的营销人员开始看到拥有自媒体的价值，因为我们可以以此来生产内容从而与客户建立更强的信任。具有前瞻性的品牌开始创建自己的"出版社"，以多种形式制作原创内容。例如，通用电气公司创建了多本数字杂志，包括《通用电气报告》，其读者达到了30万，这个数字甚至可以和一些商业杂志、科学杂志相媲美。

另一个例子是美国运通公司的OPEN论坛，这是一个教育资源社区，小企业主可以在这里学到商业思想领袖和其他企业运营者的经验。该论坛每月有超过100万的独立访问者——现在已成为美国运通公司50%的小型企业信用卡申请来源渠道。

B2B和B2C品牌都开始认识到了内容作为一项营销战略的力量。通用电气、乐高、卡夫亨氏、IBM、思科、宝洁、可口可乐和美国第一资本投资国际集团等大公司都已经开始创建自媒体出版物，并将其视为与用户建立战略联系的一种手段。重新受到关注的数字化"定制出版"也为媒体公司提供了新的商业模式。

戛纳广告奖是广告界最负盛名的活动之一,也是自20世纪40年代以来一直举办的活动——2012年将"品牌内容"列为新的获奖类别。

内容营销已经开始被视为一种企业战略。内容营销作为一种实践,对企业营销的重要性与日俱增。它已经从战术层面升级到战略层面。正如乔和努特·巴瑞2008年合著的书《获取内容 获取客户》中说的那样:

> 许多企业的营销机构现在已经意识到他们可以生产质量等于或优于许多媒体公司制作的内容了⋯⋯
>
> 通过提供与公司的目标市场相关且重要的内容,你将开始在公司客户的生活中发挥重要作用。你可以把这些内容应用到你与客户线上、线下或者一对一的交流中。报纸、杂志、电视、广播、会议、研讨班和网站过去一直在发挥着影响客户的作用,现在你的营销部门也可以发挥这种作用了。

随着内容营销价值的增加,企业获得新型人才的风险和成本也在增加。选择实行内容营销的品牌发现了一个不可避免的挑战:创造高质量的原创内容非常困难。因为这种内容的创造需要营销人员完全切换看待营销的视角。内容营销战略非常诱人,但创造高质量的内容需要的人才企业没有引进，需要迎合内容营销的企业文化没有转变，需要制定的新的衡量标准、管理办法和流程企业没有做到。

这才导致我们走到今天这种尴尬的境地。

内容：商业战略

2018年，乔·普利兹和孙庆磊发布了他们的新书《兴趣变现——内容营销之父教你打造有"趣"的个人IP》，讲述了一种不同的商业模式——先建立受众，再确立销售何种产品：

> 未来，全球数以千计的企业将利用《兴趣变现》的市场战略。为什么？因为专注于客户，并直接建立忠实的客户，可以让你了解到什么样的产品才最畅销。

在之前我和卡拉·约翰逊一起写的《体验》一书中，我们曾说：

> 内容——每个组织都在生产并呈指数级增长——正影响着我们的营销战略，它应该作为企业战略的一部分来对待！内容会影响商业，这只是"如何"影响的问题，而非"是否"影响的问题。

这是目前企业自媒体和内容营销的状态。自媒体对企业的潜在价值正在迅速增加。像卡夫亨氏、通用电气以及强生这样的前沿企业不再愿意接受它们只能借助传统媒体向客户传递信息的方式。它们不再只将社交媒体当成维持客户忠诚度的网络社区，它们也不再把内容营销当成一项短期投资、一种广告的补充品。它们正在进行新的企业自媒体体验——积累企业自己的受众——为企业业务增加更多价值，这不仅改变了它们的营销方法，更改变了它们整个的企业战略。

我们将通过书中的案例来讨论这个问题，我想这也是你们选择本书的目的。但它有一个前提，想要实现这种新的营销战略，我们必须把目前已知的传统营销方式杀死。

内容：商业模式

预计到 2020 年及以后，这种新的营销方法会完全改变营销界。**内容营销的战略性使用不仅会让企业构建自己的用户群体，更会促进企业的创新与改变；不仅如此，企业的内容营销部门还会成为一个可以自己盈利的部门。**它将把我们今天所知的营销转变为一个新的东西。它将拓宽整个营销实践，并将营销部门从成本中心转化成利润中心。

正如乔在本书的"前言"中指出的那样："这是通用汽车、IBM、思科公司共同选择的未来营销方式，它不仅可以产生更多的客户和机会,而且可以自给自足。"

但正如我所说——为了做到这一点,我们必须先杀死传统营销。

杀死传统营销

如果我们说商业营销领袖应该享有与最知名的艺术家、科学家、法律或医学从业者一样的地位,大多数人可能都会笑。

今天,虽然表面上看起来还不错,但大多数企业的营销实际都处于低迷的状态。

营销被大多数公司看作是它们不必做的活动。

对于许多企业而言,营销只是对整个系统的"征税",因此越少投资于营销越好。大多数企业都在努力实现我所谓的"最小可行性营销"。曾直接与我交谈过的一位首席执行官说:"营销是一种税收。因此,我有时候会想办法避税,经常削减它,并且总是尽我所能来支付最少的费用。"对于许多 B2B 公司来说,确实缺乏组织中的营销战略领袖。很多企业的营销部门只是组织了一群人在做着类似营销的事情。营销团队可能会像"内部代理商"一样向销售部门报告。即便一个公司有营销方面的领导者,这位领导者唯一的工作重点可能就是为销售团队带来更多的潜在客户和机会。

对于 B2C 企业来说,营销一般会被认真对待,但它仍然只是起到"找到更聪明的方式处理公司制造的产品"的作用。作为营销传奇的菲利普·科特勒教授曾说:"市场营销是以巧妙的方式处理产品的艺术,营销是创造真正的客户价值的艺术,是让你的客户生活得更加美好的艺术。"

这并不意味着没有公司明确定义了营销。实际上,宝洁、通用电气、乐高和苹果等公司都制定了一些世界领先的营销战略。而且,宝洁公司在营销培训方面更具有传奇色彩。从宝洁出来的人才包括前微软首席执行官史蒂夫·鲍尔默、前惠普首席执行官梅格·惠特曼、前通用电器首席执行官杰夫·伊梅尔特、现任雅诗兰黛首席执行官弗雷达和联合利华首席执行官保罗·波尔曼。

但像宝洁或通用电气这样的公司,还有成千上万的其他公司,它们都在努力制定营销战略,然而数字化和新业务的快速增长淹没了这些公司,以至于它们的营销部门如今只顾着追逐技术,试图将传统的营销流程数字化,而没有想到要制定新的营销战略并使之数字化。

营销的基本实践 60 年内没有发生改变。大多数营销部门——尽管现在它们有一个叫作"数字营销"的双胞胎部门——仍然专注于之前的营销职能。它们创建、运行和迭代传统(或者叫"昂贵")的媒体内容,寄希望于这些昂贵的内容会在它们"租用"来的观众面前产生共鸣。然后,传统营销部门还要支持其他部门的工作——从销售部门到电子商务部门再到公共关系部门,为这些部门的活动提供创意支持。正如我们在本章开头所说的那样,这一直是传统营销的任务——最大限度地扩大我们在各种活动中的信息传播,还要最小限度地减少企业营销的频率。

因此传统营销的功效——至少是我们感知到的功效——随着时间的推移在不断降低。在《市场营销》杂志最近的一次采访中,德鲁克管理学教授、克莱蒙研究大学德鲁克管理学院人文科学教授伯尼·贾沃斯基说:

> 我认为营销如何最好地为企业增加价值这一问题还有很多模棱两可之处。
>
> 50%的企业首席营销官从事的角色不是营销。此外,很多企业其实已经失去了传播自身故事的控制权。

让我们来考虑两个趋势。一是在 2016—2017 年度的企业首席营销官支出调查中,高德纳咨询公司发现平均营销预算目前已经增加到公司收入的 12%,这是预算连续增长的第三年。二是最大的预算增长是在网络营销方面,数字内容、电子商务、数字广告是最大的增长类别。

我们应该把这看作是好消息吗?可能是吧,但你也可能认为这是在白白浪费钱财。是的,我们采用了新技术,学习了 140 个字符*的新语言,开始以客户为中心,并使我们的营销投资多样化以

---

* 140 个字符是社交媒体推特和微博的单条推文字数限制。

解决受众的分散问题，但我们仍然还在延续100多年来的状况，我们的营销投资仍然完全取决于我们与传统媒体的关系。

市场营销部门仍然完全依赖传统媒体公司及其受众，它们付钱让媒体公司制作广告并租用它们的渠道将自己的信息展示在受众面前。

这种营销的投资原理也非常简单。**最大限度地扩大我们在各种活动中的信息传播（可以说服受众购买的信息），最小限度地减少企业营销的频率（以减少营销固有成本）**。换句话说，营销工作一直处在扩大影响和降低成本的矛盾之中。自大众媒体出现以来，我们一直采用相同的方法来印证这一点。无论是印刷、广播、电视、公共关系、搜索引擎优化、数字广告还是电视广告，都是为了最大限度地扩大影响，同时又想最大限度地降低频率和成本。

不幸的是，这种速度和技术已经将市场营销转变为短期交易而非长期价值投资了。企业现在通常寄希望于几个月、几周、几天甚至几分钟的营销就获得投资回报。我们发明了实时营销技术，咨询公司承诺"解锁你的数据"，以便"实时"为你提供投资回报。营销部门现在着迷于预测分析、人工智能和机器学习——在营销开始之前，理论上甚至可以知道结果会是什么，因为投资需要回报！

前瞻性的企业战略现在已经让位于短期执行，深刻市场洞察已经让位于快速的失败，企业创新已经让位于可接受的低效。想想吧：2014年，互联网广告局（IAB）——数字广告的旗手——表示，由于广告拦截技术，诱导性广告点击已经被拦截了很大一部分，营销人员只能期望他们投放的广告70%能被用户看见。这是广告可见度的新标准。

想一想，作为营销人员，我们来到了一个地方，作为媒体访问的租户，我们已经做完了计算，并确定对媒体投放的资金征收30%的"税"，这完全不是一项合算的投资。或许这也就是我们看到数字广告预算上升的原因。**预算的上升并不是更有效果了，而只是更加昂贵了。**

对速度和执行的关注让事情变得非常糟糕。我和乔最近在一个教学研讨会上遇到了一位大型食品品牌的营销总监，他向我们讲述了他最近一次面试的故事。他说他曾与另一家食品品牌的营销团队会面，看他是否适合新的数字营销总监职位。在面试中，该团队询问了他在工作的前几周会做些什么。他讲述了他会如何与团队合作制定新的内容营销战略以适用于营销、内容营销和社交媒体。面试团队打断了他并说道："如果我们没有时间做这些怎么办？"他问道："没时间制定战略？"团队说："是的，我们需要提供投资回报率，我们没有时间进行战略分析。我们只需要你加入并立即通过社交媒体上的帖子和电子邮件获得营销结果。如果是这样，你会怎么做？"

他没有得到这份工作。

如果我们杀死传统营销并完全颠覆它，会发生什么？

如果我们完全颠覆传统营销的功能，会发生什么？

■ 如果不是提前想出产品的功能和卖点，而是从营销战略出发来制定产品的整体结构和功能，可行吗？如果不是用编辑好的营销广告以一定频率轰炸客户并说服他们"立即购买"，而是实实在在地为客户创造有价值的体验，可行吗？

■ 如果不是总想着如何让我们的自媒体投放广告，而是先想着如何利用付费媒体广告把我们的自媒体推荐出去呢？

■ 如果不是想着花费我们所有的时间来想办法让数字广告投放更便宜，而是花费一定的时间和资源来引进原创内容的人才，让他们制作的内容创造更多的商业价值，而不仅仅是考虑点击率、转化率和销售额呢？

如果我们将营销视为一种商业模式而不仅仅是成本的消耗，会发生什么？

在《体验》这本书的第七章"营销时代"中，我和卡拉讲述

第一章 杀死传统营销

了艾默生电气公司首席营销官凯西·巴顿·贝尔的故事。她刚一上任，就开始了大规模的品牌重塑。当然这跟其他的首席营销官也没有太大的不同。但正如我们在书中所指出的，不同点是她接下来做的事，她在接下来的 10 年里一直在给艾默生电气公司的员工灌输把讲"故事"当成营销和销售的一个起点。

她在组织中灌输了一种讲故事的文化，并将其视为其他工作的基础。简而言之，她没有单纯地将营销部门定位为艾默生电气公司的产品销售及其他服务的部门，而是创建了一个为客户创造价值的整体战略，无论客户身在何处。

就像我们在书中提到的：

> 巴顿·贝尔和她的团队创造了一个可以让所有人都产生共鸣的品牌故事，并将其渗透到艾默生品牌的每个领域——从研发到人力资源再到新的商业部门。艾默生电气公司以"把它解决"为口号让员工来讲故事，用讲故事的方式降低沟通的复杂性，并以故事的方式讲出公司各个部门是如何解决客户的问题的。公司讲述的每一个故事以及他们为顾客服务的每一项活动都源于"把它解决"这个口号。

但是，如果我们把这个方法更进一步发展，会怎样？如果我们不把营销部门当作负责最大化信息覆盖的部门，不让营销活动仅是简单描述我们的产品和服务的价值，而且将营销部门转变为盈利中心，是否可行呢？如果我们能够创建一个为受众和消费者创造大量价值的营销部门，实现自给自足，是否可行呢？如果它赚钱能力超强，以至于它实际上赚的钱比它花费的更多，是否可行呢？

市场营销人员在营销方面可以实现盈利吗？

维克托·高所在的公司艾睿电子在财富 500 强中排名第 119 位，年收入超过 240 亿美元，80 多年来一直是该行业的领导者。

在过去两年中，艾睿电子一直非常重视电子出版物。对于公司的客户、电气工程师而言，这些出版物不仅让他们知道了行业的最新趋势，也让没有进入职场的孩子们开始迷恋成为电气工程师的感觉。这些出版物不仅拓展了艾睿电子的客户群，也增长了客户群的知识。

因此，客户对他们的关注是真实的。正如维克托·高在我们采访他时所说的那样："许多小的媒体生态藏在大的媒体集团的肚子里。"现在，发布电子产品可能不是他们的首要任务。

艾睿电子抓住了这个机会。该公司看到了为工程师服务的巨大市场需求。如果大型媒体集团无力承担小型印刷杂志的数字化，那么艾睿电子可以。如果小型的出版物不符合媒体母公司的利益，那么它可以加入艾睿电子。

在过去两年中，艾睿电子已成为电子领域最大的媒体公司。2015 年 2 月，艾睿电子从传媒集团赫斯特手上购买了 16 家主攻技术出版物的网站,以及电子通讯杂志、库存访问工具、数据库等一系列资产。一年后,艾睿电子又以 2 350 万美元的价格收购了联合商业媒体公司的整个电子媒体产品线,包括电子工程专辑网、电子技术设计网、SEM、Embedded、EBN、TechOnline 和 DataSheets.com 等网站。

艾睿电子在收购的这些网站和媒体上发布新内容,进行新营销,开始向竞争对手和合作伙伴出售广告、举办活动,并为电子行业人士开发教育付费内容(乔将在第三章详细介绍艾睿电子的收入模型)。这些努力都为消费者创造了 100% 的价值。正如高告诉我们的那样:"我可以告诉你,我们的利润很高。但我们将这些利润都重新投资于编辑媒体报道和提高产品体验上。"

艾睿电子的布局非常长远。艾睿电子已经将其传统营销的部分转变为以编辑媒体报道为主导的内容营销,艾睿电子的营销已经不仅仅是专注于描述艾睿电子的产品价值。高在接受采访时表示:

> 我们为行业最聪明、最有才华的孩子们考虑。当我们考虑与谁竞争时,显然这些孩子不是我们的竞争对手。我们为这些孩子提供管理咨询、时尚建议及职业选择。因此,我们吸引到的电子行业中聪明的小孩越多,就会有越多的人成为我们的客户。只要这个数字不断增长,我们就对自己抓住市场份额的能力充满信心。因此,我们的营销工作就是确保基础市场不断发展,并且

我们可以从中赚钱。

艾睿电子的维克托·高是最早重新定义营销的几个角色之一。正如我之前所说，重新定义营销并不是要改变彼得·德鲁克所说的营销的主要目标，即"创造和留住客户"。创造和留住客户当然仍是营销的任务。其实当彼得·德鲁克提到"市场营销"时，他说的更多的一句话是"营销和创新都会产生结果"。

毫无疑问，杀死传统营销并用全新的东西取代，可能是拯救我们热爱的营销行业的唯一途径。

如果你准备好了——那就让我们开始吧。

干货观点

◆ 寻找感兴趣的受众是我们工作的第一步，然后就是让受众持续对我们的内容感兴趣，直到他们真正从我们这里购买东西。

◆ 自媒体已经超越了简单的营销策略，甚至是营销战略。它是一项碰巧由营销人员执行的战略性商业活动。为了使其盈利，我们必须相应地重新调整营销的优先级。

◆ 未来成功的企业将利用它们与受众的关系来形成多条有价值的产品线，并通过灵活的战略引领更多传统的营销和广告活动。

第二章　回归受众

在那一刻我放弃了决策分析。因为没有人会因为一个数字而做出决定,他们需要一个故事。

——丹尼尔·卡尼曼[*]

你可能讨厌重力,但重力并不在乎。

——克莱顿·克里斯坦森[**]

事实上,要杀死传统营销,我们应该知道要杀掉什么,以及要取而代之的是什么。

那么,让我们从要杀的东西开始吧。什么是传统营销?

你可能会对营销这个词的现代性感到惊讶。关于这个词本身存在多久存在争议。一些学者一直追溯到了17世纪的荷兰。

但是,现在不妨让我向你介绍玛丽亚·帕洛娅或帕洛娅小姐(见图2.1)。玛丽亚·帕洛娅可以说是美国历史上第一位名厨。

---

[*] 丹尼尔·卡尼曼,普林斯顿大学教授,2002年诺贝尔经济学奖获得者。
[**] 克莱顿·克里斯坦森,哈佛商学院教授,"颠覆性技术"这一理念的首创者。他的研究和教学领域集中在新产品和技术开发管理以及如何为新技术开拓市场等方面。代表作为《创新者的窘境》和《创新者的解答》。

玛丽亚于 1843 年出生于马萨诸塞州，小时候就成为孤儿。可能正因为此，她从小就学会了做饭。正如她在她的第一本书《阿普尔多尔菜谱》中所写的那样："作为多年的私人家庭厨师和酒店厨师，我知道群众的需要，并且有能力为他们提供服务。"

玛丽亚于 1877 年 10 月在波士顿开设了她的第一所烹饪学校，并在 10 年内成为当时最有名的烹饪老师之一。她应该是最先通过给食品背书赚钱的人之一。

图 2.1　美国第一位名厨玛丽亚·帕洛娅

然而，我们讲这个故事却不是关于她如何成为烹饪明星的，而是因为她 1881 年出版的第四本书《帕洛娅女士的新菜谱：营销和厨艺指南》。这本书的标题是美国历史上最早（或者说最早之一）使用"营销"这个概念的。

当然，帕洛娅女士所说的"营销"与我们目前对它的定义完全不同。对于帕洛娅女士来说，营销是一个动词，代表着进入市场的活动，类似于在市场中的引导活动。帕洛娅女士在书中写道：

> 许多人认为市场对于女士来说不是一个愉快的、恰

当的地方。这个想法是错误的。我的经验是，市场营销人员中有许多从事着各种工作的绅士。人们应该有一个定期交易的地方，因为这样会节省时间并且会减少你的失望。在买肉时向经销商寻求建议，他会好好对待你的。如果一个主妇自己去市场，她可以通过现场购买来为她的餐桌提供比订货更丰富的菜品。

虽然这本书的"营销"指的不是我们今天所讲的"市场营销"，但是帕洛娅女士所指出的"市场营销人员"可以"信任"，却跟今天的实际情况有几分类似。

营销"问题"

在19世纪和20世纪之交，帕洛娅女士正在享受她巨大的名人光环时，"营销"仍然是一种不为人知的做法。但那些与"中间人"做生意的人通常将这种活动称为营销"问题"。最突出的营销"问题"就是想要卖作物的农民和承诺可以帮助他们做到这一点的中间人之间的脱节。正如2011年的《市场营销：一本批判性的教科书》一书中所述：

> 对市场系统效率的批评持续发酵，从理论上讲，这种批判引出了一个关于营销的重要问题——是否在分销

渠道中存在某种元素,没有彻底地发挥作用?

换句话说,企业主们在想,为什么企业和顾客之间插入了"中间人"?能不能把产品和服务以更快的速度直接交到消费者手中?

因此,我们看到,在帕洛娅女士和她的书出版130年后,首席执行官们仍在试图搞清楚市场营销人员如何绕过"中间人"而直接发挥最大价值。然而目前他们解决了这个问题吗?没有。

对营销投资的衡量

实际上,对营销价值的衡量不是一个新的议题。这种问题我们在1910年代、1930年代、1960年代都遇到过。自市场营销存在以来,营销人员就一直在衡量营销投资带来的绩效问题。约翰·沃纳梅克[*]在19世纪晚期曾说过:"我知道在广告上的投资有一半是无用的,但问题是我不知道是哪一半。"

哈佛商学院营销和广告荣誉教授尼尔·博登在1964年撰写了一篇名为《营销组合的概念》的文章,讨论了那些期望很高却一直没有实现的事,并对"营销科学"提出疑问。文章最后总结道:

---

[*] 约翰·沃纳梅克,第一家百货商店"沃纳梅克氏"创始人,被认为是百货商店之父,同时也是第一个投放现代广告的商人。

第二章 回归受众

> 我们希望能对营销有一个准确的定义,并逐步制定出行之有效的营销法则。在那之前,甚至说即便那时,对营销和营销组合的讨论还只属于艺术范畴,而非科学范畴。

我和乔非常欣赏最后"即便那时"那一句话。但我们觉得博登教授应该不知道寻找营销"法则"的过程将会如此令人沮丧。

又过了24年,1988年《营销绩效评估》一书出版。在开篇章节"哲学家的石头"中,作者说:

> 对营销绩效的评估,通常称为营销生产力分析,对于学者和从业者来说,这仍然是一个诱人但难以捉摸的概念。之所以难以捉摸,是因为在营销人员实践他们的方法时,他们没有办法获得清晰而真实可靠的反馈信号,从而判断营销价值。

简而言之,在过去的100年中,我们迫切地希望将营销从艺术范畴转向科学范畴;我们制定了营销法则,似乎遵守这些法则,我们就将会取得商业上的成功。我们真的很想要形成一些营销学上的算法。但事实是,我们从来没有实现这一点。

在20世纪,这种对营销"法则"和"科学"上的需求已经缩减为三个小字母:ROI(投资回报率)。从这个时代开始,我们已经探索了如何找到正确的方法来从营销投资中获取经济回报。无论是简单的 ROI（投资回报率），还是 ROMI（营销投资回报率），甚至是 ROC（客户回报率），这些数据的目标都是一样的：实现营销投资的利润回报率最大化。

但是这仍有一个问题。

我们一直都没有解决。

新的营销问题

这里有一个真实的故事。去年，我和乔与一家 B2B 制造公司合作。它向大公司销售工业大批量产品（卡车托盘），并通过电子商务向小型公司甚至个人出售拿货、装车和运输服务。

2015 年，这家公司度过了令人难以置信的一年，销售额增长了 650%。这恰好是企业领导聘请营销总监的第一年。因此，在 2015 年底，他们决定进行一次审查——对他们每一个营销活动进行完整分析——看看哪种营销方法或组合对公司业绩增长做出了最大的贡献。然而他们的发现令他们非常震惊。

当他们回过头来看过去 12 个月的每一个营销活动时，每一个营销活动其实都是失败的。每个营销活动的回报率都很低或根本没有回报。

他们检查了 PPC（按点击付费）搜索广告。总的来说，这是一项营销的投入成本。关键字和访客找回的投入成本实际上并不能证明是盈利的原因。他们的事件营销非常昂贵——虽然它吸引少数客户购买产品——但这么少的盈利也只能带来收支平衡。加上他们的旅行费用和时间人力的投入，事件营销本身其实就又成为一个亏损的项目。

对于这家公司来说，广告效果非常难以追踪。但营销人员试图证明是营销广告带来了流量，并跟踪了这些流量最终带来的网络销售。结果表明又是一个令人沮丧的失败。很少有人通过网络横幅广告访问他们的电子商务网站并最终形成购买。

该公司又检查营销活动是否培育了更多的企业客户。但他们发现，没有任何一项营销活动能够达到这样的效果。然而，费用却花费了很多。

一次又一次的检查发现，这家公司的各类营销活动最好的结果也只能做到不赔不赚。而稍微差一些的营销活动，都处于亏钱状态。但纯粹而简单的事实却是：公司增长了650%，为什么会是这样？

于是，该公司的首席财务官采取了另一种方法。他要求公司的每个部门——营销部门、内部销售部门、公关部门、电子商务团队——都查看自己的可用性分析，并分析自己的部门为公司650%的增长做出了具体多少贡献。

这次检查的结果更令人费解。在每个部门报告其自查结果之后，首席财务官将这些结果全部列在一起，他确实找到了总计650%的增长。事实上，他发现，如果他相信所有的部门，公司实际应该增长了1 850%才对。结果就是这样——每个部门都相信是自己部门的努力给公司带来了这样的增长。

正如这个公司的首席财务官在接受采访时对我们说的那样："当我们单独查看每个营销活动时，似乎一切都失败了。但是，当我们让每个部门都汇报他们的贡献值——我们却应该增长将近2 000%。"于是我们问道："那么，你认为发生了什么？"首席财务官说："好吧，我猜问题出在营销上。我们看待营销的投资应该看整体，而不是个别营销活动的结构。"

从广义上讲，这个故事告诉我们，ROI 对于总结营销效果来说是一种错误的指标。最简单的事实是：**正如我们所知，市场营销不是一种投资，目前它仍是一项成本，但总的来说，它的确会为公司花费的金钱带来一定的回报。**

问问自己：你是否曾经想要了解营销活动是否产生了效果，或之后是否会持续产生效果？如果是前者，你需要严格地测试营销的效果是否达到了你的目标。但是我们要清楚，诸如增加销售收入，计算每次的引流成本、每次的销售成本和新客户的成本等目标并不是投资的回报，也不是营销的真正目标。这些是针对特定业务提高收入降低成本的问责制指标。

将这些指标视为营销投资的回报，就好像你计算对汽油"投资"的回报一样。像许多营销策略一样，汽油其实是成本，而不是投资；它的投入情况是基于你一周对汽车的使用情况，与它是否在短期内提高你的工作表现无关。而且，它本身产生的短期效益也只是让你比走路更快而已。

每个营销活动都像是一个新的燃气罐,都是在短期执行项目,我们很难在短时间内为其评估出一次性投资回报。将足够多的东西叠加在一起,你才可以制定一个聪明的战略,那就是从整体上测算你的营销回报。

就像这家公司的首席财务官所说的那样:我们投资于整体"营销",而不是个别的营销活动。

以活动为中心的营销是公认的为了短期改善公司业务而投入的成本。我们之后会更多地讨论这一点,但是现在让我们转到第二个问题:营销活动会持续起作用吗?

对于想要重新定义营销的人来说,这个问题更为常见,因为这是我们过去没有过的新概念。今天,当 ROI 这个概念被大量使用时,通常是因为营销人员想要使用之前从没使用过的概念。

具有讽刺意味的是,使用这个概念又让我们回到第一个问题。这个案例的唯一参考框架就是过去的表现(正如乔在"前言"中所述)。这是一个类似于"第二十二条军规"*的死循环。简而言之,就是你被要求**告诉我你已经知道的事情**,以证明"**你对未来的新事物有多确定**"。也就是说,你要你的汽车的历史燃油价格来证明你对未来的工作多么有信心。

---

* 《第二十二条军规》是美国作家约瑟夫·海勒创作的长篇小说。在该小说中,根据"第二十二条军规"理论,只有疯子才能获准免于飞行,但必须由本人提出申请,一旦你提出申请,恰好证明你是一个正常人,还是在劫难逃。故"第二十二条军规"常用来形容前后矛盾、逻辑陷入死循环的状态。

是的，这完全就是猜测。

而且在营销中以 ROI 为指标还存在一个比较大的问题，那就是它会让营销的效果变得更差。

我和乔都与几家把 ROI 作为检验营销人员主要指标的公司合作过。换句话说，这些公司的管理人员不看公司经营是否成功，他们只是按百分比来计算，并追求更高回报的预算。其中一家公司的营销预算已经慢慢降至收入的 1.5％ 以下。它在市场上岌岌可危，公司效益增长缓慢，仅有营销的 ROI 保持一个很好的数值。为什么会是这样？

如果营销的任务是让投资回报率最大化，那么你就有充分的理由从不尝试任何新事物，仅仅是以这种方式去不断追逐投资回报率。先假设我们这样做了——如果我花 200 美元进行营销并获得 250 美元的收入，那么从技术上讲，我的投资回报率是 25％；但如果我花 0 美元赚 100 美元，那么我的投资回报率就是 100％（或者说是无限的）。为了最大限度地提高我的营销投资回报率，实际上应该想办法不花一分钱而达成一次销售，而不是花一些钱进行多次销售。

当然，这是一个极端的例子，但它是根据"唯 ROI 论"推导出来的。随着你市场渗透率的提高，你获得新客户的速度自然会下降。这是必然的。然而，由于你现在想削减营销预算，因此你的营销投资回报率（按百分比计算）最终必然会降低。这就是为什么将 ROI 当作量化营销的指标是非常危险的。

现在我们要明确的是——我们并不是说营销是完全无法衡量的。已经有很多公司开始解决增长额归因的挑战。而且本书也不是一本关于量化营销效果的书。然而，由于我们看到了公司因营销"可衡量性挑战"问题而不愿尝试新式的内容营销，于是我们写了以上的内容……

有没有更好的方法呢？

我们必须扪心自问，我们今天所做的营销是否能够抵挡得住未来的挑战。技术的进步是不可避免的，未来的世界很多物品都是通过订阅的方式来购买的，比如决定购买哪种剃须刀、选择哪种床垫、选择哪种调味品和沙拉酱等等。今天，借助亚马逊的Dash按钮[*]等技术，我们可以按下这个与互联网连接的大红按钮，把自己家里的必需品无限次重复订购。这种情况下，为什么还要再考虑另一个品牌呢？

随着我们逐渐进入由算法、聊天机器人和自动化系统驱动的世界，差异化的需求成为全人类的共同点，而不是差异化的功能或品牌。正如西北大学名誉教授唐·舒尔茨[**]所说，除了我们的

---

[*] Dash 按钮是指美国电商网站亚马逊研发的一种硬件，它是塑料做的实体按钮，可以贴在或者挂在物品上，每个按钮只对应一样商品，按一下，就可以买下这件商品。

[**] 唐·舒尔茨，美国西北大学整合营销传播教授，整合营销传播理论的开创者，被誉为"整合营销传播之父"。

沟通方式外，人类作为一个组织所做的一切都可以被复制。

事实上，麦肯锡咨询集团刚刚发布的研究结果显示，最初的品牌考虑可能是以后市场份额增长的最大组成部分。麦肯锡的研究中称：

> 如果说今天的购物环境意味着失去老顾客比获得新顾客更容易，那么在忠诚度上投入太多的营销资金是有风险的。反过来说，那些希望实现快速增长的公司需要更多地关注想要尝试新鲜品牌的87%的消费者，并侧重于满足他们的新需求。

今天，我们不仅有机会寻找更好的衡量营销所创造的商业价值的方法，还有机会重新定义整个营销的概念。关键是我们是投资一个不是只顾点击率、访问量、访问时间甚至购买率等立即回报的项目，我们关注的营销模式是受众的关注和访问能否随着时间的推移而逐渐累积。

这不仅仅是一种营销策略的转变，更是一种商业模式的转变。这种转变将营销视为一种新的单独的商业模式——一项有利可图的投资来自真正的投资：受众，这意味着提供机会，增加关注和忠诚度。

我们可以想想以下这些问题：

■红牛作为一家公司有多大价值？红牛现在的营销策略不仅可以为公司的主营业务带来收入，甚至还能销售任何他们想要销售的产品。由于红牛已经积累了忠诚的受众，因此他们的业务不再局限于销售能量饮料。它的业务是创建受众，然后销售任何可以满足受众需求的产品。

■艾睿电子作为一家公司有多大价值？它拥有51个数字杂志和网站，背后还有无数忠于这些内容的受众。它正在补贴其TAM（总可寻址市场）的增长并教育整个行业。艾睿电子正在使用新的营销方法作为其公司的一个保障。他们确保受过良好教育的电气工程师的社区不断发展，并最终让艾睿电子的产品符合他们的需求。

■仅乐高媒体公司这一家公司，还不算上乐高制造公司，有多大价值？乐高媒体公司为其受众投资了各种内容的制作，包括故事片、电视节目、杂志和数字平台，使其更加以内容为中心，而不是以玩具为中心。正如乐高营销和消费者体验副总裁科妮·克莱舍所说："**我们曾经是一家玩具制造商，现在我们更想发展成为一家媒体公司，讲述我们这些玩具的故事。**"

目前，我们很难给出以上问题的答案——尽管我们知道红牛作为一家私营公司，其品牌估值为 79 亿美元；乐高作为一家私营公司，2015 年是它有史以来最好的一年，增长率超过 25％；尽管我们也知道在过去的五年中，艾睿电子的股价已经上涨了 43％。

当然，这些增长与它们营销策略的改变是否有着因果关系还有待讨论。但这些公司有一个共同点：它们对与营销相关的流程进行了大量投资，并通过类媒体公司的运营和与受众建立直接关系来实现盈利。

回归受众

实际上，我们只关注两个核心指标，即增加收入和降低成本（见图 2.2）。我们可以进一步将这两大类别划分为四个部分来形

收入				储蓄			
能力	活动	客户	现金	能力	活动	客户	现金
赢得	增长	保持	管理	赢得	增长	保持	管理

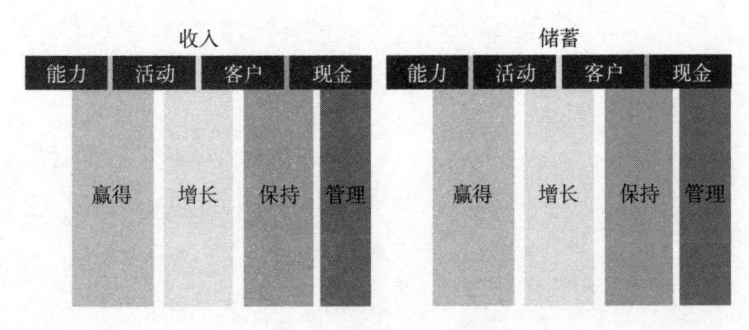

图 2.2 收入 vs. 储蓄

容投资的价值：能力、活动、客户和现金。这四个部分都可以分为赢得、增长、保持、管理等几个子类别，这样的划分可以适用不同公司及不同类型的目标。接下来我们将单独介绍横轴的四个要素。

能力价值——打造更智能的公司

了解投资受众最重要的一点就是，受众是由想要持续获取品牌信息的个人组成的。投资于受众的大数据，不是要我们汇总过去的受众的购物数据或监视受众的数据。相反，这些数据应当是受众自愿提供给我们的，而不是搜集来的。这些受众愿意分享他们的个人数据，愿意与我们的工具进行交互，愿意和我们交流，因为我们会通过内容驱动的体验向用户提供价值。

这种价值的交换意味着从受众这边得到的数据对于我们组织的其他部门来说会非常有价值。

施耐德电气是一家专注于能源管理和自动化解决方案的跨国公司。凭借每年超过 250 亿美元的收入，它在全球范围内进行了大量的营销和销售工作。苏珊·哈特曼是施耐德电气旗下的免费电子学习资源机构"能源大学"的全球项目经理。目前该平台提供 12 种语言的继续教育课程，已得到十几个专业贸易组织的认可。在过去的几年里，超过 18 万名学习者从这所"能源大学"毕业。当苏珊与我们坐下来讨论她公司的成功经验时，她提到了使用数据来增进对受众了解的方法：

由于我们得到了这些用户自愿提供的数据，我们最终更好地了解了我们的受众。当你注册"能源大学"时，你会输入一些关于自己的数据，这不仅仅是一个普通的营销平台，更是一个学习系统，因此它的数据更加完整。之后，我们会观察你正在学习的课程、你感兴趣的内容以及你对想要哪些其他内容的留言。我们使用这些数据来帮助我们更多地了解到你是一个什么样的人，你最终可能想买什么样的产品。

还有其他例子，那就是强生公司及其数字资产 Baby-Center.com。这家全球制药公司于 2001 年 3 月收购了 Baby-Center.com，此后一直把它作为一个独立部门来运营。该网站销售广告并接受赞助，根据研究公司 Quantcast 的数据，该网站每月的付费人群超过 2 300 万。

为什么强生要运营一个与其销售产品的核心业务无关的完全独立的网站？因为对于强生来说，获取数据是非常重要的一件事。通过对强生公司全球战略分析经理克里斯蒂娜·霍夫的采访，该网站的价值就在于"将 5 万名消费者实验的成果与全球母亲在 BabyCenter.com 上分享的观点相结合"。

正如 2014 年她向《广告周刊》解释的那样："我们可以根据用户正在搜索的内容，告诉妈妈们之前要怎么准备。"例如，公司知道母亲为10个月大的宝宝的第一个生日做准备,会提供相关计划。或者当泰诺或布洛芬等药品的品牌经理想知道他们的广告标题是"一睡一整晚"、"今晚就睡"还是"整夜安眠"时,强生公司会告诉他们哪一个标语与BabyCenter上的母亲最有共鸣。

无论是增加新收入的平台,如强生公司的BabyCenter.com,还是节省成本的营销平台,如施耐德电气的"能源大学",它们的价值都很明显。如果我们可以从受众那里得到更多有价值的数据,我们就可以成为一个更具有能力的公司——在整个销售和营销领域都取得良好的业绩。

活动价值——支持交易和推广

正如我们在之前所解释的那样,过去30年来营销的主要推动力是优化"营销组合"——通过租用媒体平台来吸引受众以达到最佳效果。简而言之,我们在各类广告上投入资金,并试图优化这些广告以传达更多消息、吸引更多用户。然后,我们就会通过成本与实际执行量(吸引了多少用户)的比较去进一步引导我们的工作。早期媒体营销模式和受众聚合的好处之一,就是让营销活动更有效率。

我们的书汇集了内容营销的多数书籍和案例。在乔的书《内容营销时代》中,乔谈到了Indium公司,该公司为全球电子半导体、太阳能、薄膜和热管理市场提供提炼、生产、供应和制造服务,并提供化学品铟。你没有听过这种物质也很正常,因为这个生意确实比较小众。但乔在他的书中对此进行了详细的描述：

> 来自材料供应商 Indium 公司的 17 位工程师通过他们名为"从工程师到工程师"的博客发现了内容商机。通过这个博客，他们可以制作有价值的文字、视频，并回答有关各种工程主题的问题（例如，如何设置和操作氨基磺酸铟镀槽等）。我跟你一样不知道"氨基磺酸铟镀槽"意味着什么，但我们可以学习他们做事的方式：他们通过博客与其他工程师互动来启发自己的思路。根据 Indium 公司营销总监的说法，自博客内容推出以来，他们实现了 600% 的增长。

营销思想领袖、国际演讲家安德鲁·戴维斯称受众为"预购客户数据库"。我们喜欢这个词，因为它生动形象，且阐明了一个核心事实：当你为受众提供价值时，受众可能不需要你的产品或服务，但是，受众会非常乐意告诉你，一旦他需要你所在行业的产品或服务时，你将是他们的首要选择。这难道不是我们营销活动一直以来所追求的目标吗？当客户准备购买我们行业的产品时，我们希望成为首选，因此在过去我们会用媒体广告不断轰炸，以确保我们能覆盖到消费者。就像汽车后座上的孩子一样不断问来问去："我们还在吗，我们还在吗，我们在车里吗？"相反，如果使用内容营销的新方式先聚合受众作为我们的"预购客户数据库",那么随着时间的推移,我们可以越来越有效地吸引人们的注意力——让受众在购买我们的产品之前就先享受到我们提供的价值。

这里就引出了新营销方法的第三个核心价值——客户。

客户价值——创造更具价值的客户

在内容营销的原始术语之一内容定向出版的早期,品牌自创内容几乎全部是专注于客户忠诚度的。"公司内刊"或员工杂志的创建是为了让那些为公司工作的人有一种归属感;而为客户创造的杂志内容,是为了让客户保持忠诚度,让他们购买产品的时候得到更好的体验。今天,我们回看这些早期的公司定向出版的杂志,其实是第一批真正实践我们"内容营销作为盈利中心"理念的营销活动。

现在,我们组织客户活动、开发内容驱动的 APP 甚至为客户印刷杂志,不再只是让客户拥有更好的购买体验,还要带给客户持续不断的品牌价值。

以美国互联网证券公司德美利证券为例,该公司专注于对股票交易感兴趣的客户。经客户同意之后,该公司会向客户推荐 thinkorswim.com 社区,并为客户提供《思考财富》纸质版和电子版杂志。这种内容驱动体验的目标是不断吸引交易者(在他们成为客户之后),并为他们提供合适的工具、技巧、研究成果和功能,以便他们更有效地进行交易。该杂志订阅者的交易量是非订阅者的 5 倍。这是一本永远不会带有付费广告的杂志。这也是一条宝贵的经验，我们可以完全与产品分开，创造一个吸引更多用户访问的内容产品。

一旦内容营销的潜在客户成为付费客户，他们就可能成为公司品牌的粉丝，这样就可以创造更大的品牌忠诚度。

可以想想耐克公司。该公司早在 2006 年就开发了以品牌 LOGO 做封面的手机应用程序。现在，耐克公司拥有多个手机应用程序，帮助跑步者和运动员跟踪进度等等。正如杂志《广告时代》最近报道的那样：

> 总的来说，耐克的这些应用程序拥有超过 2 800 万用户的用户群。这是可以直接访问耐克品牌的 2 800 万人。通过这种更紧密的客户关系，耐克获得了宝贵的意见及其用户的数据信息。通过这些信息，耐克本可以积极地做广告、做推广，但耐克却以为用户提供价值为重点，创建了一个真正的运动社区。通过这个 APP 上的社区，耐克从源头开始培养用户强烈的品牌忠诚度。而这些今后都可以转化为收入。

这就是聚合受众的力量，它大大改变了营销的原本范畴。下面我们将介绍新营销方法的第四个核心价值：现金。

现金价值——从营销计划中获得直接收入

营销直接产生收入是一个最新的想法,也正是本书将集中讨论的模式。直接收入模式是营销课提供的各种商业模式中的另类。

有先见之明的公司都在尝试从其受众中产生直接收入。它们正在通过这一战略实现业务的多元化,产生更高的利润并降低其他营销活动的成本。这种模式可以与其他营销带来的价值相结合,以实现营销部门直接成为盈利部门。

正如我们在本书中多次提到的,在这个商业模式中,可能没有比红牛更明显的例子了。引用"前言"里的一段话:

> 现在,红牛媒体工作室已成为全世界最成功的媒体公司之一。以杂志起家的他们已经涉足电视剧、纪录片、世界大赛转播、音乐制作、产品推广等领域,甚至还向《纽约时报》这样的传统媒体公司出售他们的版权内容。

我们也可以参考 Salesforce.com 的例子。2003 年,1 000 名 Salesforce.com 的客户涌进旧金山的威斯汀酒店来观看软件提供商的最新消息。到了 2016 年,该活动的参与人数已发展到 17 万人,成为全球最大的软件类发布会活动。没错,世界上最大的软件教育活动不再由媒体公司主办,而是由一家真正的软件公司主持。

目前，参与这个活动的单人票价为1 799美元。我们假设有30%的与会者支付了这个票价，那么这个活动的单次收入将超过9 100万美元。这还没算上Salesforce.com活动中赞助商的赞助费。此次活动的最大赞助商的赞助金额超过了100万美元。虽然Salesforce.com没有将赞助费的收入算入活动收入中，但我认为该公司肯定会从这样的营销活动中直接赚钱。

新的营销准则

在本书的开头，乔讨论了菲利普·科特勒的概念，他称之为"新的营销口号"。也就是营销的秘诀在于CCDVTP："创造，沟通，向目标市场传递价值以实现盈利"。

在我们看来，这句话可以看作是我们全新的营销方式的基础。营销部门不再仅仅是宣传产品价值或服务市场投放的部门，营销必须制定战略性的计划，通过打造核心的品牌故事、内容驱动的体验为客户带来差异化的价值。营销部门必须将这一价值传递给潜在客户，而不是靠其他组织。自媒体策略会给产品营销带来新的功能和优势，其价值将通过能力、活动、客户和现金四个方面来体现。最重要的是，这种营销模式是以利润为导向的，而非把营销看作一种成本。它可能不是公司整体业务中盈利能力最高的，但是它可以让公司的营销活动收支平衡甚至获得利润。

我们必须杀死追求短时间内接触受众、促使受众购买产品的传统营销模式。

我们必须重新开发一种新的营销方式，让我们的内容长期存在于受众群体的生活中，这样我们就可以通过内容吸引受众的注意力，在受众寻找他们需要的解决方案时第一时间收集信息，解决他们的需求。

这是营销的未来。这种营销方式是一种具有长期回报的资产，它将拯救我们最重要的商业要素：受众。

干货观点

◆ 自从"营销"产生以来，对营销效果的衡量一直难以量化。显然，数据再多也无法保证衡量的准确性。但衡量营销效果这一过程本身，却可以作为一种新的商业模式，创造新的盈利机会。

◆ 内容受众可以提供多种价值：

活动价值方面，他们的反馈帮助企业实现更明智的营销策略和广告策略；

能力价值方面，他们提供反馈数据，帮助企业实现更智慧的运营；

客户价值方面，他们的口碑可以帮助企业培育更多忠实的客户；

现金价值方面，他们的忠诚度使营销成为一项有利可图的事业。

第三章　自媒体营销

赛车的商业模式不是很好。

——杰夫·戈登*

我的商业模式就像甲壳虫乐队：他们是四个相互制约、能避免走错方向的人，他们四人可以相互平衡。整体的力量大于四个个体之和。

——史蒂夫·乔布斯

今年我和我的家人在佛罗里达州度过了一个阳光非常充足的假期（我们住在俄亥俄州的克利夫兰市）。

在读完一本科幻小说（恩斯特·克莱恩的小说《玩家一号》——任何科幻小说迷或电子游戏迷都应该去读一读）之后，我的妻子把我最新一期的《时尚COSMO》** 杂志扔给了我。

是的没错……我正在看《时尚COSMO》（不要嘲笑我）。

---

* 杰夫·戈登，美国传奇赛车手，93次纳斯卡杯赛分站得主，同时还经营葡萄酒庄等其他生意。

** 《时尚COSMO》，即美国的《COSMOPOLITAN》，是全球著名的主要针对女性读者的时尚类杂志。该杂志创办于1886年，目前在全球有超过50个版本的杂志出版发行。中国版发行名为《时尚》或《时尚COSMO》。

根据该杂志的对外宣传，《时尚COSMO》杂志印刷版每月有超过1 400万女性读者，如果算上数字发行版在内，那么其女性读者人数达5 000多万。大约60%的读者会读完这本杂志四个章节中的前三个章节，而当读者读完这些内容时，平均要花掉75分钟。

整整75分钟啊，这本杂志是如何办到的？

《时尚COSMO》的使命是：

> 让年轻女性活出自我并成为她们想成为的人，帮助女性找到她们的快乐与精彩，让她们无惧未来。没有借口，没有废话，不留遗憾。

让我们花一点时间把这段话与世界上最大的公司之一的埃克森美孚进行比较，埃克森美孚公司的使命是：

> 埃克森美孚公司致力于成为世界首屈一指的石油和石化公司。为此，我们必须在遵守高道德标准的同时，不断取得卓越的财务和经营业绩。

意识到二者的区别了吗？

内容商业模式

《时尚 COSMO》完全专注于受众，它的使命中没有一句话提到要赚钱。而埃克森美孚公司的使命明确提出要赚钱，以及销售很多很多的石油……也祝福埃克森美孚吧。

《时尚 COSMO》已将内容作为其商业模式。

内容的战略性使用不仅会构建受众群体，也可以带来客户的增长和留存；内容营销部门是可以成为一个单独的盈利部门的。

听起来像是一家媒体公司？营销本应如此。

虽然从传统上看，《时尚 COSMO》的收入策略主要围绕销售广告，但现在来看，《时尚 COSMO》的赚钱方式多种多样，它完全可以依靠内容直接盈利。

《时尚 COSMO》的商业模式总结起来就是：

> 创建忠实的受众。一旦我们了解了受众的基本需求，并始终如一地为受众提供价值以满足其要求，受众（读者）就成了企业的粉丝（订阅者），我们就可以用多种方式在这种关系的基础上实现盈利。

《时尚 COSMO》也确实做到了。他们的盈利模式从售卖书籍到售卖美容套餐，从接原生广告到生产多元内容进行促销，无所不包（我们将在下一章详细介绍《时尚COSMO》的模式）。当《时尚COSMO》的管理者开始逐步创新时，他们会发现原来他们可以直接向消费者销售很多种类的商品（而不仅仅是接广告商的广告盈利）。当一本杂志开始直接销售产品的时候，普通的零售企业要小心了！

对于埃克森美孚来说，营销专业人员仅仅是围绕产品（而非客户）来制定公司使命，这在未来可能会给企业发展带来一定的困难。就像罗伯特在第一章中所说的，内容营销基于人的长期的企业战略，如果执行得当，可以吸引受众对产品产生更多的兴趣。

媒体品牌还是产品品牌？

埃克森美孚是世界上最大、最具价值的公司之一。它充分利用传统营销和传统商业模式来实现盈利，在过去取得了很不错的业绩。但如果埃克森美孚还想大幅增长，再次成为一家成长型的公司（如果可能的话），那就需要杀死传统的商业模式。

现在你可能想问我："乔，《时尚COSMO》是一家媒体公司，埃克森美孚公司是一家销售产品的生产型企业。它们的商业模型当然应该不一样。"

一定要不一样吗？

丹尼斯出版公司是英国最大的独立媒体公司之一。其主要产品包括《男性健美》和《周刊报道》两本杂志，但也拥有多个汽车领域的大型内容平台，包括"汽车买家"和"汽车快讯"等品牌。

在过去 10 年中，由于平面广告的衰亡，大多数媒体公司都处在挣扎求生的状态。但这种状况并没有影响到丹尼斯。据《卫报》报道，丹尼斯出版公司的收入从 2009 年的 5 900 万英镑增加到了 2016 年的 9 300 万英镑之多。这是如何实现的？

2014 年 11 月，丹尼斯收购了在线汽车经销商"买辆车"，现在这项收购的业务占据丹尼斯总收入的 16%。没错，这家收购来的小型媒体公司每天可以销售 200 多辆汽车。丹尼斯现在拥有了大批受众（对购车有兴趣的人），并且逐步和受众建立了坚实的关系。事后看来，丹尼斯收购在线汽车媒体公司是一个明智的举动，但目前来看，只有很少的传统媒体公司敢于做出这样的决定。

从售卖汽车这一点来看，丹尼斯到底是一家传统媒体公司还是一家销售产品和服务的公司呢？红牛和强生到底是媒体公司还是销售产品和服务的公司呢？

好莱坞名人格温妮斯·帕特洛[*]于 2008 年创建了网站 Goop.com。最初该网站提供关于旅游推荐和购物推荐的每周电

---

[*] 格温妮斯·帕特洛，1972 年 9 月 28 日在美国加州洛杉矶出生，美国演员。曾出演《莎翁情史》，并因此获得第 71 届奥斯卡最佳女主角奖。同时，她也非常懂得互联网经济，于 2008 年创立生活时尚门户网站 Goop.com。

子通讯服务，依靠这些服务，Goop 迅速吸引了超过 100 万的电子邮件订阅者。Goop 拥有了这些忠实的受众之后，就开始推出自己的产品，并于 2016 年宣布销售全品类的服装系列。

Goop 是一家媒体公司还是一个销售时装的品牌呢？5 年后它又会销售什么？

现在，如果让你在创建受众然后直接向他们销售产品与租用无法控制的外部渠道来宣传产品之间进行选择，你会选择哪种方式？当然，你应该会想直接在自己的受众群体中销售产品。这是一个非常容易做出的决定，但大多数公司却年复一年地重复着错误的选择。正如罗伯特所说，我们一直在维持一个"低效率"的体系，好像这个体系是我们唯一的选择。我们一直认为，目前的市场营销方法是我们不得不做出的选择，我们对此无能为力。

当一个人头脑一团糟的时候，也正是他想要了解实情的时候。

——来自恩斯特·克莱恩的《无敌舰队》

相同的商业模式

在过去的几年里，我和罗伯特做了大量关于大型企业营销部门和媒体公司的研究，我们得出了同样的结论：

其实新媒体的商业模式和新的内容营销商业模式是完全相

同的。

下面是我和罗伯特第一次讨论这本书的想法时的电子邮件对话：

来自：乔·普利兹

主题：灵感？

嘿！

我知道这看上去太明显了，但这个发现依然让我感到震撼！新的媒体模式和新的营销模式居然是一回事！这可太酷了……这到底是人尽皆知的看法还是惊天动地的发现？

来自：罗伯特·罗斯

主题：RE：灵感？

不……是完全一样的……记得我曾经说过这里蕴藏着一个巨大的商业发现吧……这就是事实的真相……这就是让我深受鼓舞的真相……

我认为这是惊天动地的发现……但我现在只与你分享……哈哈！

迈阿密和克利夫兰有什么不同？它们是一样的。

——勒布朗·詹姆斯在电影《生活残骸》中说

今天，当你看到大多数媒体公司或产品品牌型公司时，你会发现很大的差异。比如《纽约时报》与宝洁公司，《经济学人》

与英特尔,《工业周刊》杂志与林肯电气。

大多数人认为媒体公司和产品品牌型公司在经营上应该会截然不同。今天,在大多数方面,它们确实仍然是不同的,但随着我们进入 2020 年,两者在商业模式上的差异将逐渐消失。

像丹尼斯出版公司这样的传统媒体公司将不仅从传统媒体的产品(订阅和广告)中获得收益,也会靠自己销售产品和服务(销售汽车)来获得收入。

像艾睿电子这样的产品和服务公司也将通过销售产品和服务(销售工业电子设备)以及销售传统媒体产品(订阅和广告)来增加收入。

当你构建自己的受众时,产品和媒体两种收入模式都将成为可能。这不仅仅是营销上的变化,更是一种新的商业模式的形成。

我和罗伯特相信,那些开始将这种新的内容营销模式融入自己商业模式的创新型公司将成为未来行业的引领者。

其实 60 多年前,沃尔特·迪士尼就知道这一点。

解构迪士尼

沃尔特·迪士尼的可视化内容模式(如果你想查看原图,请访问以下网址 https://hbr.org/2013/06/what-is-the-theory-of-your-firm),是我最喜欢的一个文件(以至于我把它挂在客厅里）。这张图显示了迪士尼的所有资产，从漫画书到音乐再到商品，这些资产都是具有相互支撑关系的，中间（实际上就是图的中心）是动画和真人电影。该内容是迪士尼用于构建粉丝群（受众）的秘密。随着粉丝们不断消费迪士尼的内容，他们会变得越来越忠诚，于是粉丝群开始在迪士尼乐园和周边产品上不断消费。

来自犹他大学的托德·曾格曾这样形容迪士尼的可视化盈利目标：

> 迪士尼通过打造全家人都爱看的精彩动画电影和真人电影，实现了企业价值的快速增长，之后，迪士尼还会把电影中的角色和图像打造成更多的娱乐项目和周边产品，创造更多的价值。

简单来说，迪士尼构建自己的受众之后，会通过传统媒体和销售产品、服务的双重方式将关注度转变成公司盈利。迪士尼是一家非常特殊的公司，它从一开始就既不是媒体公司也不是产品品牌型公司，而是被设计成两者的结合体。

内容营销协会是我们2010年建立的机构，然后在2016年出售给联合商业媒体公司，我们遵循与迪士尼完全相同的模式。因此我们也设计了一个基于迪士尼1957年战略的可视化商业模式（见图3.1）。

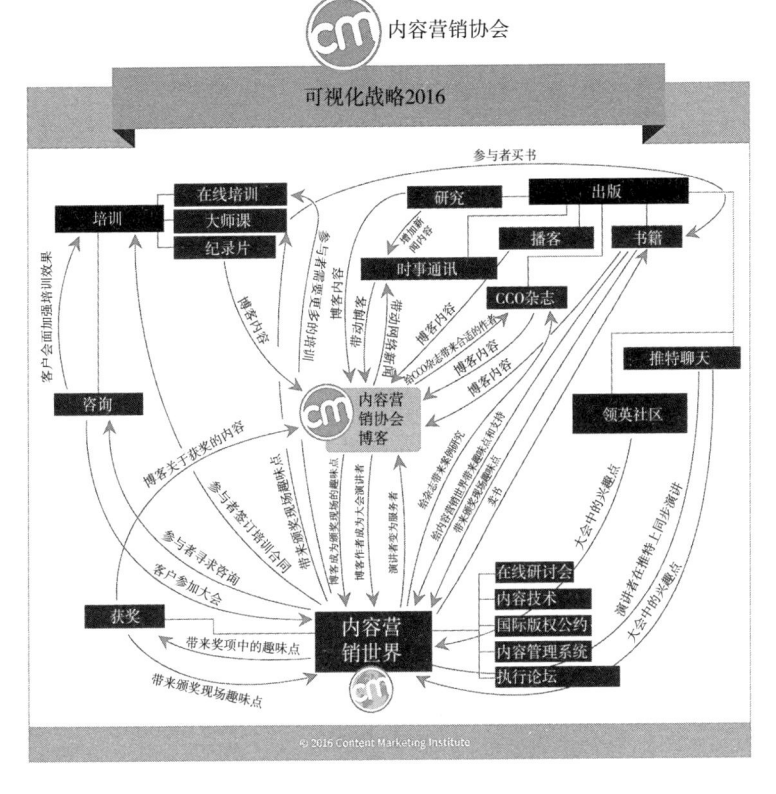

图 3.1　基于迪士尼可视化商业模型
建立的内容营销协会媒体商业模型

迪士尼始终围绕着极具戏剧化的电影这一核心平台，这也是迪士尼构建与受众关系的第一步。对于内容营销协会而言，我们每天提供的1 500字原创教学文章是我们的核心平台。从这一点出发，我们实现了多种方式的受众关注变现，而且我们开发了大型现场活动"内容营销世界"（就像迪士尼通过迪士尼乐园和迪士尼世界盈利一样）。

有趣的是，正如我们在本书其他部分详细介绍的那样，只要我们通过有价值的内容构建起了忠诚的受众群体，那么公司就可以通过多种方式实现盈利。

更好的营销模式

正如我们所介绍的那样，越来越多的营销部门正在采取以前媒体公司所采用的商业模式，这不仅仅是为了节约成本或实现产品促销，更是为了用它来直接实现盈利。

让我们深入了解一下当今商业世界的三个案例：一家B2C公司、一家B2B公司以及一家初创企业。

案例一：红牛

这家奥地利能量饮料品牌就是内容可分享时代的可口可乐，它自由地生产内容，以至于我们不能辨别这些内容是营销内容还是非营销内容。红牛真的是一家恰好出售软饮料的媒体公司。

——布赖恩·莫里西《数字时代》

在过去的十年里，我多次引用了这段话的最后一行："红牛真的是一家恰好出售软饮料的媒体公司。"

红牛可能是"营销部门成为利润中心"这一概念最好也最有名的例子。通过提供各项内容服务，红牛已经获得了全球最忠实的几批受众群体。而红牛媒体工作室是实现这一目标的引擎。你可以将红牛媒体工作室与世界上任何优秀的传统媒体公司进行比较,在比较的过程中,你会发现红牛媒体工作室可以和它们中的任何一个相媲美。

当我第一次在我的书《内容营销时代》(2013)中写关于红牛媒体工作室的文章时,我一开始认为红牛创建的内容营销模式就像其他公司的内容营销计划一样——最终目的是推动产品销售。也就是说,它将有助于出售更多的红牛饮料。但正如我在本书中所说的那样,红牛媒体工作室有一个目标,那就是从创建的内容中直接获得利润。当然,红牛管理层也乐于看到内容营销之后带来需求的上升,但根据红牛公司旗下杂志《红色公告》主编罗伯特·斯珀尔的说法,红牛媒体工作室是不受直接收入和利润这些指标影响的,总公司对它的评判标准就跟其他媒体公司一模一样。

红牛媒体工作室通过一系列举措实现了这一目标,包括:

> ■印刷。红牛公司旗下杂志《红色公告》是一份纸质月刊,也是一份数字杂志,在10个国家以5种语言向全球200多万用户分发。《红色公告》是红牛公司的旗舰印刷杂志,其定位是一本面向全球的男士生活杂志。红牛还有另外三种印刷版的杂志,包括高山冒险杂志《登山世界》和自然科学杂志《地球母亲》。红

牛在杂志中销售广告、接受赞助，并通过订阅的方式来直接销售（就像任何其他传统杂志一样）。

■红牛内容池。该公司直接向其他媒体公司出售数以千计的视频、图像和音乐版权内容。是的，其他媒体公司要向红牛支付费用才能得到这些红牛品牌授权的版权内容。根据美国体育媒体 ESPN 的报道，红牛在体育领域的优质数字内容存储库仅次于迪士尼。

■红牛唱片。红牛公司旗下的红牛唱片公司在洛杉矶和伦敦设有办事处，这家唱片公司签约了很多艺人，如独立摇滚乐队 Awolnation、另类乐队 Twin Atlantic，红牛唱片践行的理念是"给你一双翅膀"。此外，红牛音乐出版公司还付费支持有抱负的作词人和作曲家，让他们把自己的歌曲放到红牛的内容池里，红牛会将这些内容与红牛的其他项目相结合。

■速度周。速度周是红牛的赛车运动品牌，它专注于两驱和四驱赛车赛事。这家迷你媒体公司共组织了 70 个不同类型的汽车比赛，产生了 360 个冠军。速度周的盈利方式是向对赛车领域有兴趣的赞助公司出售数字广告和赞助商位。

加上红牛电视、红牛电影和红牛纪录片，还有世界各地的极限运动现场节目——红牛媒体工作室可能是仅次于ESPN的体育媒体。

案例二：艾睿电子

艾睿电子（纽约证券交易所代码：ARW）成立于1935年，是世界上最大的公司之一，年收入超过240亿美元。它是世界上最大的电子元件分销商，产品从半导体到电路板无所不包，目前为全球10万多家企业级客户提供服务。

艾睿电子的媒体商业模式进化共分为两步。根据副总裁兼常务董事维克托·高的说法，艾睿电子的数字化是从2014年开始的，那一年艾睿收购了很多微型网站和数百个域名联合体。但是这些网站并没有经过整合，往往缺乏艾睿的品牌属性。简而言之，这些收购来的网站的客户体验一直都不是很理想。为了解决这个问题，艾睿终止了多个微型网站模式并创建了一个全新的模式——Arrow.com（以及艾睿的日本品牌Chip1Stop）。Arrow.com的唯一目标就是销售产品和服务。

新的网站建成后，艾睿向该网站投入了大量的高质量内容，这些内容可以解决电气工程师在使用艾睿产品中所遇到的具体问题。网站的每个内容都经过了专业撰写和编辑，并由艾睿的专家级电气工程师进行审核。在艾睿投入原创内容并重新启动新网站不到一年后，它的读者参与度（独立访客数和停留时间的综合）

增加了30倍。在此过程中，Arrow.com已成为业内流量最大的网站之一。

这是第一步。第二步是从2014年开始的，这一年艾睿开始研究联合商业媒体公司提供的被称为"工程师之心"的数据图（见图3.2）。根据研究，工程师最关心的问题是怎样保持他们的工程学知识是最新的。然后，研究列出了工程师每天吸收新知识的18种不同方式。除了两种方式外，几乎所有方式都是来自媒体，无论是博客、播客、线上文章还是线下研讨会。

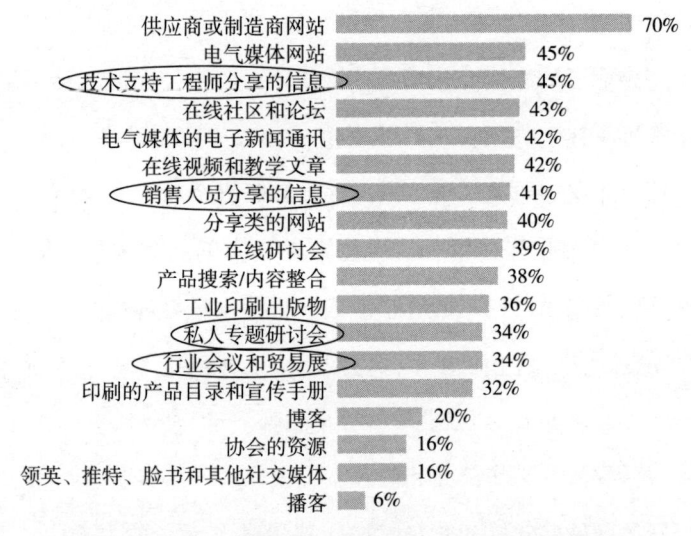

方式	比例
供应商或制造商网站	70%
电气媒体网站	45%
技术支持工程师分享的信息	45%
在线社区和论坛	43%
电气媒体的电子新闻通讯	42%
在线视频和教学文章	42%
销售人员分享的信息	41%
分享类的网站	40%
在线研讨会	39%
产品搜索/内容整合	38%
工业印刷出版物	36%
私人专题研讨会	34%
行业会议和贸易展	34%
印刷的产品目录和宣传手册	32%
博客	20%
协会的资源	16%
领英、推特、脸书和其他社交媒体	16%
播客	6%

图3.2 电气工程师几乎全部都通过媒体获取行业信息

就在那时，艾睿的管理层意识到公司最大的机会就是成为电气工程师值得信赖的资源库。于是艾睿决定成为媒体。

维克托·高说：

艾睿并不是从一开始就想成为一家媒体公司的。我们一开始只是对收购的网站进行整合……所以，如果你是一名电气工程师，当你有一个想法，你会在网上做一些研究，看一些一般的技术文章。然后你继续查看所谓的数据表，查看通常由该组件的制造商撰写的详细描述，因为"这里有你需要考虑的所有不同参数"。之后你会考虑设计问题，再查看另一个文档，你会发现"这个组件通常与其他组件一起使用"。然后你会使用云工具来运行一些数据模拟，再之后你还要订购一些组件的原型……做一堆测试和迭代，最终你才能得到整个产品的原型。

正因为有这些困难，所以在整合我们的媒体资源时，我们希望能建立一个帮助工程师一站式完成以上步骤的网站，这样我们就能尽可能多地帮助这些狂热的工程师。

截至 2017 年 6 月，艾睿电子已拥有电子媒体领域的 51 家媒体资产，成为业内最大的媒体机构（就独立访客数和停留时间而言）。艾睿电子为此成立了一个完全独立的部门，称为 AspenCore，它是公司主体和公司媒体属性之间的一个防火墙（就相当于媒体公司的独立编辑部）。

艾睿电子通过主要和次要关键绩效指标（KPI）来分析 AspenCore 的绩效。艾睿公司主要是根据财务业绩，特别是盈利能力来评判 AspenCore。根据维克托·高的说法，AspenCore 的利润很高，广告商和赞助商在过去两年里的消费增加了一倍。次要 KPI 包括覆盖面（受众规模）、参与度（受众花费的时间）和社交分享。但就像红牛媒体工作室一样，AspenCore 的成功评判标准跟媒体公司是一样的。

AspenCore 通过以下方式推动收入增长：

■ 内容品牌的网站广告。如《电子工程时代》《电气电力新闻》等媒体在网站 Banner、按钮和弹出广告上的投入，还有频道广告以及电子通讯附带的广告。

■ 赞助。包括网络研讨会和网络播客相关公司的赞助，以及定制内容产品的售卖（艾睿电子实际上为外部公司创建了原创内容的售卖渠道）。

■ 在电子杂志等刊物上刊登的广告。

■ 数据和列表的出租和销售服务。

此外，AspenCore 还为艾睿电子提供折扣广告并赞助公司旗下利基市场的子品牌。这对整个艾睿品牌来说有两个作用：第一，它们能够比普通广告以更低的价格更快地获得影响力；第二，艾睿品牌可以获得第一手的数据，这可以让公司了解到用户最感兴趣和最不感兴趣的内容。这与建立"食品与家庭"内容品牌的卡夫食品公司非常相似。卡夫食品公司就是采取内容品牌这种形式,第一时间获取第一手的数据并作为研究和开发的参考,从而让公司根据受众的需求和消费痛点来确定哪些新产品值得上架(受众喜欢与不喜欢的内容信息,都是卡夫的自有财产)。

案例三:Terminus 公司

红牛和艾睿都是大型公司。一旦它们获得公司的批准设立媒体部门,它们从一开始就会有大量资金对企业的内容部门进行大力投资。

但是,如果你没有大笔预算怎么办?如果你是初创公司怎么办?这个"营销和媒体公司"的策略只适合大品牌吗?

Terminus 是一家来自佐治亚州亚特兰大的小型创业公司,主要业务是销售基于账户的营销软件。其软件专门针对 B2B 营销人员,这些营销人员为了销售产品,一般需要与同一家公司的 10 个、15 个或 20 个不同的人建立联系。Terminus 的软件正是帮助他们解决这个问题的。

Terminus 的联合创始人兼首席营销官萨格拉姆·威杰尔想出了一个名为"翻转漏斗"的项目,他开始在领英的开放式发布平台上发表博客。越来越多的 B2B 营销人员开始关注到威杰尔的作品,之后开始有人围绕他写作的概念组织一些活动。

威杰尔表示:"我们在几个月内召集了一个活动,并邀请了市场上所有关心这个话题的高层商业领袖。当然这与Terminus无关……没有一个人在会议上谈到Terminus。10个赞助商支付了活动的费用。这几乎就像我们没有真正掏一分钱就吸引了300到400人参加会议，并且跟很多高层商业领袖建立了很好的关系，所有的费用全部都是由赞助商赞助的。"

"翻转漏斗"项目的"收入峰会"立马取得了成功。在第一次活动之后，Terminus能够直接从活动中平均结识15位重要客户。之后，Terminus又继续在全国各城市发起相关活动。

根据威杰尔的说法，这些活动本身的成本超过了150万美元，但与活动相关的费用完全由外部赞助商和活动参加者承担。在Terminus目前拥有的300个客户中，有100个来自这些活动。

2017年的会议由600多位客户和潜在客户参加，由Salesforce公司和Marketo公司（微软旗下）等大型软件公司赞助。即使是直接的竞争对手也会给Terminus带来资金赞助，因为正如威杰尔所说，"翻转漏斗"是一个行业盛会，而不是Terminus公司的内部活动（类似于艾睿公司对其内容品牌的定位）。

为了使这项工作持续进行，Terminus公司其实已经打破了它原有的架构，将公司分为两个截然不同的部门——Terminus营销团队和"翻转漏斗"团队，每个部门都有自己的盈亏中心。

Terminus公司看到"翻转漏斗"品牌有更大的发展潜力和变现能力，最近该公司除了进行行业颁奖计划外，还推出了"翻转漏斗"账户营销大学。

威杰尔认为这种模式行之有效,因为 Terminus 从不会在活动中谈到自己。"我相信我们成功的原因之一是我们在活动中总是谈论行业问题而不是在特定的时刻谈论自己的公司……我们从来没有谈过自己,这就是 Terminus 做事的方式,也是 Terminus 可以帮助到大家的原因。"

当然,这种模式还需要更多的验证,但实际上威杰尔已经与外部投资者在联系收购"翻转漏斗"品牌的事宜。没错,有人想单独购买 Terminus 公司的营销部门。

仅有内容还不够

1979 年,大卫·努斯鲍姆从波士顿大学毕业,成为新闻专业的一名毕业生。他看了电影《总统班底》后,励志成为电影中罗伯特·雷德福或达斯汀·霍夫曼那样的记者,并相信报刊行业将是他一生都想要从事的行业——他想在纸质的地方性或全国性报纸上发表人们爱看的故事。

但是当大卫在 1985 年购买他的第一台电脑时,一切都改变了。他立即意识到了这个设备在讲故事方面的能力是多么的强大,所以他在电脑领域深入研究了一番,学习了 DOS 语言,然后迅速进入了互联网 1.0 版本。

尽管大卫仍然致力于加入纸质新闻媒体行业,但他也开始花更多的时间来了解数字通信。与此同时,大卫发现了数字通信这种新的商业模式。

在20世纪90年代,大卫成为这一新模式的顶级专家之一,并于2004年成为美国奔腾媒体集团的首席执行官,专门负责拯救这家陷入困境的公司。早在2000年,奔腾媒体集团就成为华尔街的闪亮之星——这家快速发展的从事印刷媒体和活动筹办的公司,股价快速上涨。

之后,在经历了2001年"9·11"事件和互联网泡沫破灭事件后,由于一系列糟糕的收购和庞大的债务负担,奔腾媒体集团陷入了危机。短短两年内,奔腾媒体集团的股票价格由35美元下跌至7美分。大卫就是在这个背景下来到奔腾媒体集团的。

大卫不得不站在传统商业媒体模式之外看待奔腾媒体集团。具体来说,他开始重新组织公司,不是围绕产品,而是围绕受众组织。奔腾媒体集团的新目标不是关注该怎样向读者出售东西,而是关注读者想要(或将会想要)购买怎样的内容。

我永远不会忘记2005年与大卫的对话。当时,我负责运营奔腾媒体集团的客户媒体部门,我直接向大卫汇报。我们的工作是出售定制内容产品给奔腾媒体集团的广告客户,而这些广告客户想要购买的不仅仅是广告服务。在我们的第一次会面中,大卫清楚地表明了他的观点,他说:"乔,我不在乎你是想要卖鞋子的广告还是其他什么。你的工作实际是查看你所拥有的公司资产并利用这些资产实现变现。"

大卫知道我们与读者和客户有着非常具有潜力的关系。他也知道奔腾媒体集团不只是通过销售更多广告才能生存。我们还需要快速改变我们的商业模式。我们的改变很快奏效了，2007年，奔腾媒体集团以比2004年高出10倍的估值出售给棱镜传媒。

在奔腾媒体集团成功后，大卫转到F&W媒体公司，这是一家以经营特定爱好为主业的传统出版商，如艺术和手工艺品、狩猎、古董和收藏品等领域。根据大卫的说法："过去很多年，我认为内容是成功媒体所需的最重要的事情。但这其实不完全正确。作为一名媒体主管，你不应该把所有的精力都只专注于内容制作这一点，而是要**专注于建立一个具有良好内容的受众社区**。"

在F&W媒体公司，大卫把公司主要盈利业务从单一的广告改良为提供读者所需商品等多种盈利模式。这意味着F&W媒体公司成了一家电子商务公司。7年来，F&W媒体公司几乎从无到有，开始出售书籍、工具包、会员资格、订阅资质等多种商品，产生了超过6 000万美元的电子商务收入。

现在，大卫是美国厨房大考验（ATK）的首席执行官，整个公司在没有广告商支持的情况下依然可以获得资金。美国厨房大考验通过杂志订阅、网站订阅、培训课程、烹饪书籍和食谱包等内容的销售实现盈利，并向大型企业提供数据和咨询服务。

目前，美国厨房大考验通过制作电视和网络节目来扩大其影响力，然后再通过销售与节目相关的品牌产品来获取盈利。

大卫认为，美国厨房大考验将最终取得成功，因为它专注于一个其他品牌都没有进入的细分市场。"我们讲的是食物烹饪的艺术和科学。我们不与生活方式品牌竞争，"大卫说，"美食频道在生活方式之间的竞争越来越激烈，因为他们已经从关注烹饪到只注重烹饪竞赛，他们以为这样可以帮助他们吸引更多的受众，但这并不能帮助他们吸引到真正对烹饪具有专注和热情的受众（就像我们的受众）。"

专注于核心细分市场和内容的倾斜是美国厨房大考验构建忠诚受众的重要因素，美国厨房大考验在构建受众之后可以推出一系列产品，从受众身上盈利。

对于大卫来说，他的重点仍然是相同的——通过提供始终如一的宝贵内容体验，构建一个非常忠诚的受众群体。做到了这一点，一切皆有可能。

建立商业模式，而不仅仅是业务支持

罗伯特在第一章中完美地概述了"内容：商业模式"：

> 内容营销的战略性使用不仅会让企业构建自己的用户群体，更会促进企业的创新与改变；不仅如此，企业的内容营销部门还会成为一个可以自己盈利的部门。它将把我们今天所知的营销转变为一个新的东西。它将拓宽整个营销实践，并将营销部门从成本中心转化成利润中心。

大多数公司利用内容来作为公司其他业务的支持,例如需求生成或提高客户忠诚度。到目前为止这是可以接受的。这也是我之前的书《内容营销时代》的精髓所在。

但我们不能止步于此。未来的营销人员(至少是还在从事这个事业的人)应当把整个营销部门作为自己的企业来运营(就像艾睿电子的维克托·高那样),而不仅仅是为了支持其他业务的目标。未来的营销人员不仅需要了解营销,还需要了解出版以及如何像出版商的首席执行官那样经营媒体业务。

营销部门不再仅限于支持某些产品。未来的营销部门,在构建了忠诚的受众之后,就能以几乎无限的方式创造收入和利润,为组织增加价值。

但从收入和利润的角度来看,这种商业模式是什么样的呢?下一章将会为你详细介绍。

如果你不在正确的道路上,奔跑又有什么用?

——德国谚语

干货观点

◆ 当今市场,最具创新力的媒体公司和最会利用内容的公司正在使用同一种商业模式(但没有多少人看到这一点)。

◆ 无论你的公司是像红牛或艾睿电子这样的大公司,还是像 Terminus 这样的小型初创公司,都适用同一个模型:构建忠实的受众群体,并且尽可能多地获取直接收入。

◆ 正如大卫·努斯鲍姆所说,内容营销与你发布内容的多少无关,关键是要建立一个忠诚的社群。因此,你的内容必须有吸引力。

第四章　收入模型

兰道夫公爵：金钱不是万能的，莫蒂默。

莫蒂默公爵：哦，看来你长大了。

兰道夫公爵：母亲总是说你很贪心。

莫蒂默公爵：她是想表达一种赞美。

——来自电影《倒转乾坤》(1983)

现在的投资者没有学会从过去的增长中获利。

——沃伦·巴菲特

2010年5月，内容营销协会成立，其定位是企业营销人员的教育和培训机构，专注于教授内容营销的方法。第一个财年，内容营销协会的总收入不到7.5万美元（不是利润，只是收入）。到了2016年，内容营销协会的收入超过1 000万美元，净利润率为25%。

内容营销协会的商业模式非常简单：它构建了忠诚的以营销专业人员为主的受众群体——从2010年的几千人到2016年的约20万人——并用十几种方式实现变现。

案例：内容营销协会

内容营销协会将收入分为四个不同的部分：组织活动、数字内容、印刷品和深度消息。

组织活动

当你研究内容营销协会的商业模式时，你会发现，无论是数字内容、印刷品还是我们的研究机构，最终都会把受众引领到我们的面对面的培训活动。

内容营销世界

内容营销协会收入模型中规模最大、利润最高的部分就是线下面对面的大型组织活动。"内容营销世界"活动是我们的旗舰型活动，每年9月，这个活动可以吸引来自70个国家的4 000多名参与者前往俄亥俄州的克利夫兰。该活动为与会者提供了100场单独的会议，以及一个展示最新内容营销技术的大型展览厅。

参加主会场的人平均需要支付1 295美元，而大约25%的与会者会购买我们称之为"全通行"的通行证，这样他们就可以参与另外的研讨会并得到所有的演讲视频，这大约是主会场门票价格的两倍。赞助商们的投入从几千美元到10万美元不等，他们平均投资约1.5万美元，其投入会用于展位和其他赞助项目。大约70%的活动成本都来自参加者交纳的费用，另外30%来自赞助商的赞助费用。"内容营销世界"这项活动的毛利率超过40%。

内容营销协会还在拉斯维加斯举办了一个名为"智能内容大会"的小型企业内容活动，约有500名营销专业人士参加（2014年内容营销协会收购了"智能内容大会"）。此外，内容营销协会每年秋季在全美各大城市举办"大师班"活动。2017年，内容营销协会在8个城市开设了"大师班"，每个城市的活动大概会有50到100人参加。

数字内容

当内容营销协会开始建立其商业模式时，数字内容收入成为我们的第一笔收入。

捐助人

2010年，"捐助人"的赞助是内容营销协会第一笔收入来源。说是赞助，其实它是一种兼具广告、赞助和内容付费功能的组合，主要面向内容营销协会的官方网站访客群体。现在，我们的官方网站每年吸引超过100万的访客。第一年，内容营销协会得到赞助1.5万美元。2017年，这个数字变成了4万美元，赞助名额仅有10家公司，赞助期限为1年。

赞助商提供赞助后可以获得以下服务：

■ 可以创建教育类的博客帖子并在内容营销协会官方网站上发布（但必须得到内容营销协会编辑人员的批准）。

■ 为期一年的在线横幅展示广告（10%的内容营销协会访问者将持续看到捐赠者的广告单元）。

■ 每周一次的内容营销协会电子通讯（每年最少40封）和每日博客提醒。

■ 可以在内容营销协会网站每个页面的页脚上进行品牌宣传。

■ 可以以特殊合作伙伴的身份与我们进行第一次合作。

播客

2013年11月，我和罗伯特谈了约一个小时关于电话购物的内容。在谈话结束时，罗伯特说："这真是一次很棒的聊天……我们应该把它录制下来。"于是第二周，我们就推出了内容营销协会的第一期播客栏目，取名《这种老式的营销》，在这期节目中，我们还点评了一周发生的新闻。我们模仿了ESPN的《打扰一下》节目的格式。

第一个月，我们的播客的下载量为1 000次。我和罗伯特很惊讶，竟然有1 000人花时间听这个长达一小时的节目。到2017年初，我们的播客每月的下载量为10万次（见图4.1）。我们在每周的周一晚上（美国东部时间）发布，并且每周六在内容营销协会的网站上发布一篇显示下载量的博客文章。每期节目都有一个主赞助商，他们会为我和罗伯特提供一份他们自己的内容营销案例，供我们点评、讨论和推广。我们的播客每月收入为6 000到1万美元（因为有时一期有两个赞助商）。

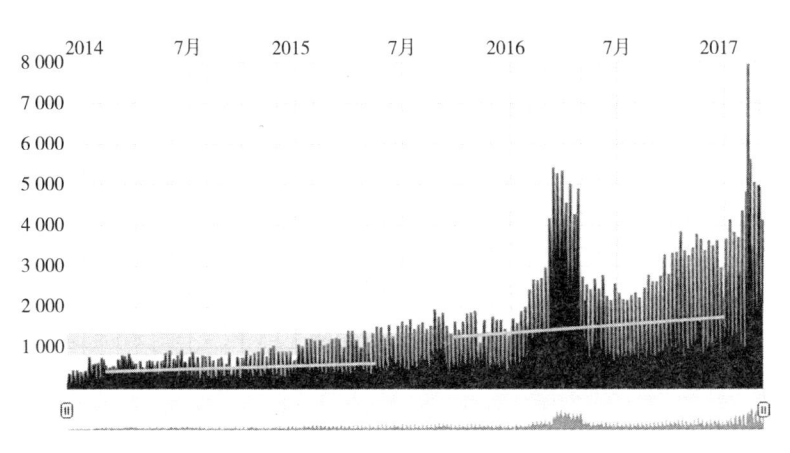

图4.1 自2013年以来，第一期节目
《这种老式的营销》播客下载量稳步增长

电子邮箱列表租赁

许多内容营销协会电子通讯的订阅者也会收到我们合作伙伴的消息。每周四，购买了内容营销协会电子邮箱列表的合作伙伴会给我们的用户发送消息，向营销人员推广白皮书、电子书或其他一些有价值的信息。内容营销协会为合作伙伴提供这项服务，每千人收费大约为 300 美元。

网络研讨会

内容营销协会每月都会为我们的受众提供 3 场有赞助商赞助的网络研讨会。每次网络研讨会都会吸引 500 到 1 000 人参加，其中约 40% 的人也会参加我们的现场活动。内容营销协会与每个赞助商合作的宗旨，就是在满足网络研讨会参加者需求的前提下，也实现赞助商的目标。平均每场网络研讨会的赞助额为 1.9 万美元。

白皮书

内容营销协会设有白皮书库，用来为我们的用户和合作伙伴提供有益的教育类内容。这些白皮书一般在 8 页到 12 页，读者可以免费下载，但需要留下他们的电子邮箱地址。这意味着读者允许赞助商与他们联系（通过电子邮件），并以此条件换取白皮书中提供的有价值的信息。

虚拟活动

每年 2 月，内容营销协会都会举办一场名为"内容科技"的免费网络虚拟活动，其主题是聚焦最新的内容营销技术。2017 年，内容营销协会有 4 000 名参与者和 12 个赞助商支持该活动，并为内容营销协会带来了超过 10 万美元的收入。

印刷品

《首席内容官》杂志

《首席内容官》杂志于 2011 年 1 月推出。截至 2017 年，这本杂志已向 2 万名营销人员发放了 30 期，其中约 60% 的受众接受纸质印刷版，其余则接受数字版本。由于杂志的内容和我们的原始博客平台的内容相辅相成，所以《首席内容官》杂志对于内容营销协会的整体战略来说至关重要。

《首席内容官》的最初想法是接触首席营销官和其他对内容营销负有预算责任的高级营销人员。策略很简单。将杂志交到他们手中，他们就会开始将内容营销视为一种有价值的上市策略，并开始为企业内部资源提供资金。

内容营销协会这本杂志的页数一般介于 40 页到 64 页之间。费用取决于总页数、编辑页数和印刷总数，但一般来说，内容营销协会制作每期杂志的成本至少为 4 万美元。内容营销协会的合作伙伴在每期杂志中都会购买整页和半页广告，甚至少数国外的营销人员也会付钱购买杂志。通常，每一期杂志都会为内容营销协会带来一点利润。

一个印刷品的预算

《首席内容官》杂志的预算如下：

■项目管理。杂志负责人的费用。

■编辑。原始内容的成本（包括杂志外部作者费用）、管理编辑成本和校对费用。

■设计。需要雇人为出版物设计版式。

■照片和插图。需要支付费用为杂志拍摄照片或创作图片。

■数据库费用。支付费用以确保受众列表都可以收到杂志的邮递。

■复制。复制出版物的成本。

■邮资。邮局收取的每期杂志的费用。

■运输。杂志从印刷出厂到送到每个用户手中所需的运费。

■佣金。如果你的杂志需要广告收入，你还需要向广告招商人员支付佣金。公司员工的佣金率通常为8%至10%，聘用的自由职业销售员的佣金率高达20%至25%，自由职业销售员一般自付自己的其他费用。

深度消息

内容营销协会的"深度消息"小组是我们公司的辅助收入来源,包括在线培训、咨询服务、研究和颁发行业奖。

在线培训

内容营销协会于 2015 年启动了一项在线培训计划,专门为那些无法参加内容营销协会内部活动(如"内容营销世界"大会)的专业营销人士提供教育和培训服务。"内容营销协会大学"每年招生四次(每季度一次),每年需要 995 美元的学费。此外,内容营销协会还会向想要对营销部门进行培训的公司出售企业课程套餐。迄今为止,已有 1 000 多名营销专业人员注册并完成了相关课程。

咨询服务

尽管内容营销协会每天都在提供内容营销的方法和相关教育内容,但有些公司仍然需要"亲身实践"的方法。内容营销协会曾与美国电信运营商 AT&T、美国知名宠物用品公司 Petco、盖茨基金会、美国资本集团、思杰公司、赛仕软件公司、戴尔公司、Adobe 公司、雅培公司等企业合作开展定制培训课程。根据可交付成果计算,这些面对面的咨询会的价格在 1.5 万到 4.5 万美元之间。

研究

有很多网站最喜欢订购内容营销协会的研究内容,而非其他付费内容。2009年，内容营销协会与研究机构"市场证明"合作，围绕内容营销的方法，创建和发布了内容营销基准研究年度成果。以后该研究从每年6月开始，每年9月在"内容营销世界"大会上发布初步研究结果，然后发布未来12个月的子报告，包括B2B、B2C、非营利组织、大型企业、小型企业、制造业等行业的研究结果。

每份报告都是一份40页的电子书，每本电子书都有内容营销协会合作伙伴的赞助（赞助费用约1.5万美元）。此外，内容营销协会还为行业领先品牌开展小型的研究项目，我们通常把这种项目的研究结果生成报告分发给我们的受众。这些小型项目的赞助费用在2万到4万美元不等。

内容营销奖

2012年，内容营销协会与一家外部机构合作，该机构拥有名为"杰作奖"的内容营销奖励计划。这是当时业内最高的奖项。内容营销协会通过推广该奖项获得了一定的补偿（每年都会获得一定比例的收入）。

2014年，内容营销协会直接购买了"杰作奖"，并将其重新命名为"内容营销奖"。每年有400多家机构提交1 200多份参赛作品，内容营销协会与91个内容营销类别的100名志愿者评委合作，评出奖项。该奖项计划产生约40万美元的总收入，以及关于该行业无数的内容创造机会和惊人的洞察力。

* * *

总而言之，内容营销协会在保持高增长率的同时，已经能够以十几种方式从其忠诚的受众那里获利，同时，每种获利方式都有助于营销其他产品（如网络研讨会促进了线下会议和颁奖活动的推广）。内容营销协会认为，一旦我们构建和培育了忠诚的受众和社区，并认真履行我们对受众的承诺，那么在理论上几乎任何形式的盈利型产品和服务都是可以推出的。

媒体营销收入模型

如第三章所述，新的内容营销商业模式和新式媒体的商业模式是完全相同的。一旦我们构建了忠诚的受众群体，就有 10 种不同的方式（5 种直接方式和 5 种间接方式，满足赢得、保持或增长目标）实现关系变现，如图 4.2 所示。

直接收入

公司可以通过 5 种不同的方式直接从受众那里获得收入：广告/赞助、会议/活动、高级内容、捐赠以及订阅。

广告/赞助

获取直接收入最流行的方式就是通过广告和赞助：那些为了你受众的流量愿意直接向你支付费用的公司。

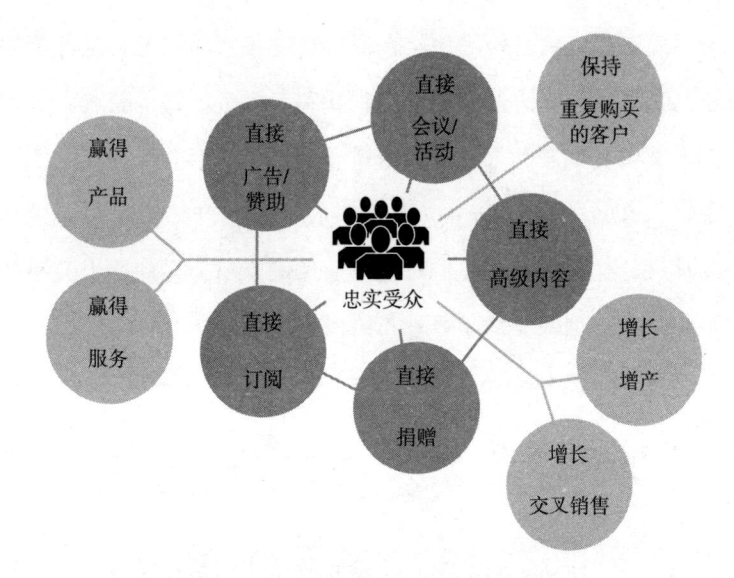

图 4.2 媒体营销收入模型：公司可以
通过 10 种方式靠忠实受众实现变现

传统广告

■ **安·里尔登**。安·里尔登是国外视频网站 YouTube 上的烘焙女王，现在她拥有超过 300 万订阅者订阅她的 YouTube 频道"如何做这道菜"，她的大部分收入来自 YouTube 的广告版税。利用自身极少的资源，安·里尔登非常专注地完成了她"不可能完成的食物创作"，而且制作的内容极具自己的风格。

■ **消防工程师协会（SFPE）**。SFPE 是由业内领先的消防工程师组成的协会,每个季度,他们都向1.3万名会员和订户提供其印刷杂志《消防工程》,通过传统的纸质杂志广告产生合理的利润。该协会用这些利润继续投资消防研究和教育领域。

■ **红盒子。**这是一家专注于DVD邮递服务的公司,他们向用户投递最新发布的电影和游戏,同时会附上一份简报。每份简报都包括一个或多个赞助商(通常是推广这些赞助商的游戏和电影),这些赞助商需要向红盒子支付广告费用。

■ **卡夫食品。**卡夫食品(亨氏卡夫公司旗下品牌)拥有全球领先的食品品牌网站KraftRecipes.com。这家网站雇用了20名专业的烹饪专家,每天与卡夫产品合作撰写食谱。现在,该网站上有超过3万份食谱,卡夫在该网站上通过广告直接创收,并在其杂志《卡夫食品与家庭》上刊登平面广告。

原生广告/赞助内容

美国广告公司Sharethrough将原生广告定义为付费媒介的一种形式,其中广告体验遵循用户体验的自然形式和功能。简单来说就是,让广告看起来像普通的内容。也就是说,将广告商赞助的广告制作成内容,让它看起来像各大媒体网站上的普通文章，或者像你关注的领英上的人发布的帖子一样。

即使是世界上最大的媒体品牌，如《华尔街日报》，也正在从这种赞助内容中获得可观的收入。据《纽约时报》报道，像Vice这样的新媒体公司的大部分收入都来自赞助内容，而《大西洋月刊》和网络杂志《Slate》的赞助内容已占其数字收入的50%以上。

由于以下几个原因，原生广告/赞助内容越来越成为广告行业重要的一部分：

- 媒体品牌和社交平台（如领英和脸书）正在积极地提供原生广告产品。

- 品牌现在将25%至30%的预算用于内容营销。品牌已经开始将此作为公司优先处理事项，原生广告被视为内容营销一个可行的机会。

- 如果做得好，原生广告确实能发挥作用。例如，新媒体品牌BuzzFeed的大部分收入都来自原生广告，而且他们的原生广告策略非常成功，以至于该公司能够获取比传统在线广告高得多的收益。

- 原生广告社区的兴起，点燃了大家的激情。这种"新广告"（尽管它并不是真正的新广告）给世界各地的广告商带来希望，他们认为这比传统广告更好。

有关赞助内容的一些例子包括：

- **《福布斯》**。著名软件公司 SAP 等大公司每月都会向《福布斯》杂志支付费用，以发布赞助内容，这些内容看起来非常像普通的杂志内容，但实际上是《福布斯》"品牌声音"赞助广告计划的一部分。这些赞助广告的投放者每月需要向《福布斯》支付 7.5 万美元。

- **柯南·奥布莱恩**。美国著名脱口秀主持人柯南·奥布莱恩和他的团队多年来一直在他的深夜脱口秀中制作赞助内容。有一次，柯南和搭档安迪·里希特讨论他们的《网络星期一》栏目，但这个内容实际上是美国支付软件 PayPal 的推广广告。

- **洋葱新闻**。这个讽刺类新闻网站的大部分收入来自赞助内容，例如"女性填写完这个税表上的姓名和地址就可以好好休息一下啦"，实际上这是由美国税务咨询公司 H&R Block 投放的广告（见图 4.3）。

图 4.3　讽刺类新闻网站洋葱新闻为合作伙伴的赞助内容提供投放机会，图中的合作伙伴为美国税务咨询公司 H&R Block

赞助

虽然广告通常会中断用户的产品或内容推广体验，但由一家公司赞助一个内容通常不会产生这样的问题。赞助的好处包括引导消费（如赞助内容下载）和提高品牌知名度（如赞助播客或电视节目）。

■ **内容营销协会。** 对于大多数产品来说，内容营销协会更喜欢赞助模式，而不是广告模式。

- 播客——每集都有一名赞助商。
- 研究报告——每份报告都有一名赞助商。
- 网络研讨会——每个网络研讨都会由一名赞助商赞助。

■ **ESPN 的《迈克和迈克》节目。**《迈克和迈克》是一档受欢迎的早间广播和电视节目（通过电台和电视台在 ESPN2 上直播），该节目已由美国前进保险公司赞助多年。ESPN 还有很多节目都是以赞助的形式来实现盈利，包括《打扰一下》，它通常由摩根船长或其他酒精饮料公司赞助。

会议/活动

根据内容营销协会和"市场证明"研究机构的联合研究，大约有十分之七的企业都在创建和管理属于自己公司的各种类型的活动。其中一些是小型的客户聚会，另一些则是在展览厅等地点举办的大型活动。在大多数情况下，会议和活动的收入是通过付费门票和赞助实现的，比如租用展位需要提供赞助。

■ **"鸡语者"聚会。** 安迪·施奈德是美国的家禽之王，这个品牌已成为所有需要鸡肉作为原料的企业的首选资源。当该品牌的创始人安迪开始在亚特兰大地区的自家后院养鸡时，最开始他直接将自己的鸡卖给他的朋友，然后再把剩下的鸡送到美国分类网站Craigslist*。很多人也有兴趣养鸡，但他们需要大量的培训才可以开始上手。所以安迪在亚特兰大组织了一个"鸡语者"聚会来回答那些对家禽感兴趣的人的问题。

从那时开始，安迪慢慢将"鸡语者"从聚会变成了一本书，然后变成了一本杂志（拥有超过6万名订阅者）和一个广播节目。"鸡语者"节目已经运行了七年多，每周都有超过2万名订阅者。他还在全国各地进行路演，这是他收入的重要组成部分，而路演是由卡姆巴克饲料公司独家赞助的。

■ **《我的世界》聚会。** 《我的世界》聚会是微软旗下游戏《我的世界》推出的官方活动，这款游戏是一款在线多人建筑游戏。2016年，该活动吸引了1.2万名参与者（每张门票160美元，门票在几分钟内售罄），

---

* Craigslist，美国著名的分类二手产品交易网站，中国的58同城与其类似。

还提供了展示《我的世界》相关游戏技术和商品的展厅（微软接受赞助商赞助并需要合作伙伴支付展位费用）。

■ **雷诺士线下聚会。**雷诺士公司是世界上最大的供暖和空调设备制造商之一。每年，它都会吸引来自美国各地的承包商和分销商，并为合作伙伴提供技术、营销和商业实践的培训会和展会。参展合作伙伴包括霍尼韦尔、辛塔斯和福禄克等公司。雷诺士公司从直接参会者门票和十几个参展的制造服务商那里获得收入。

■ **Adobe 峰会。**Adobe 峰会是全球最大的数字营销活动之一。2017 年，Adobe 吸引了超过 1 万名想要了解最新数字营销技术的参会者。该峰会的赞助商包括埃森哲、德勤、微软和 IBM。参会者的门票价格为每人 1 895 美元。这一峰会很轻松地为 Adobe 创造了超过 1 000 万美元的收入。

高级内容

高级内容包有多种形式，包括直接销售的内容产品、按需购买的资助型内容产品和联合型内容产品的机会。

内容产品

■ **数码摄影学校。** 戴伦·罗斯创建了数码摄影学校,为初级摄影师提供学习资源,教他们如何充分利用拍照技巧。数码摄影学校通过开发高级电子书和直接销售专业的行业报告,每年产生数百万美元的收入。数码摄影学校的优质内容销售已成为公司盈利战略的核心。

■ **BuzzFeed 网站的"好吃"频道。** 在过去的两年里,BuzzFeed 网站的烹饪视频已有超过 400 亿次点击。BuzzFeed 网站通过制作定制的烹饪书获得了商业上的成功。2016 年,BuzzFeed 推出了《"好吃":一本烹饪书》,这是一本买家可以根据他们的口味定制的烹饪食谱书籍。在短短几周内,BuzzFeed 销售了超过 10 万份食谱书籍。

资助型内容产品的销售

■ **克利夫兰诊所。** 克利夫兰诊所是世界上最大的医院网络之一,其出版平台"健康中心"是世界最为领先的医疗保健出版商之一。由于该公司的专业化经营，谷歌已经与克利夫兰诊所接洽，想要付费合作一起创建各类医疗保健主题的网络内容，谷歌认为目前这些医疗保健方面的网络搜索内容还不够充分。

■ **"食物电视台"**。"食物电视台"这个组织出版了许多的纪录片和食物系列作品，这些纪录片和食物作品系列是与奈飞公司和亚马逊合作开发的，完成后还会出售给这两家公司。

联合型内容产品

当你把原创内容以付费内容的形式发布到第三方网站时，联合型内容就产生了。

■ **红牛**。红牛的"内容池"包含数千个视频、摄影和音乐作品，媒体公司和内容制作者可以直接从红牛"内容池"购买这些作品的版权。

■ **雅虎新闻**。雅虎新闻有一个完整的编辑部门来创建原创内容，你在雅虎新闻的网站上找到的大部分内容都是直接由微软全国广播公司、《新闻周刊》和路透社等公司支付过费用的联合型内容。

捐赠

一般来说,捐赠在补贴非营利性杂志的出版物时最有效。

■ **美国厨房大考验**。"厨房大考验"和"烹饪之国"是美国两档电视节目,这两个节目都有赞助商以捐赠的形式进行投入,并几乎涵盖了它们的所有生产成本。

■ **《宾夕法尼亚人》杂志**。《宾夕法尼亚人》杂志是宾夕法尼亚州立大学校友会创立的杂志,自1910年以来一直出版,每隔一个月都会邮递给宾夕法尼亚州立大学校友。该杂志之所以存在,就是因为有校友会和大学的直接捐助。

■ **Pro Publica**。Pro Publica 网站(http://www.propublica.org)是一家非营利组织,该组织利用其旗下资金进行新闻调查,他们认为这对公众来说非常重要。该组织由《华尔街日报》前执行编辑保罗·史泰格创立,雇用了50多名记者,并从桑德勒公司获得捐助资金。桑德勒公司于2008年6月承诺免费向该组织提供资金。同时,Pro Publica 也接受任何相信他们的人的捐款。

■ **世界慈善水资源基金会**。该组织非常善于利用鼓舞人心的故事进行宣传,过去5年中,他们共筹集了超过1.5亿美元的资金。

微资助

凯文·凯利曾经在 2008 年写过一篇著名的文章（现在依然非常受欢迎），名为《1 000 个铁杆粉丝》。在这篇文章中，他描述了很多作家该如何找到他们的出版资金的方法。今天，通过 Kickstarter 和 GoFundMe 等手机程序可以轻松实现这一目标。在文章中，凯文·凯利从劳伦斯·埃文斯那里提炼出一个例子：

> 2004 年，作家劳伦斯·瓦特-埃文斯利用"微资助"的形式出版了他的最新小说。他要求他的铁杆粉丝每月集资 100 美元。当他得到 100 美元后，他就发表小说的下一章。整本书先在网上发布给他的铁杆粉丝，然后他再利用筹集来的资金进行纸质版小说的出版。他现在正以这种方式写第二部小说。

订阅

订阅与售卖高级内容有所不同，订阅通常是由普通消费者支付的，内容生产方承诺在一段时间（通常是一年）内向普通消费者定期递送内容。

- **《纽约时报》。**《纽约时报》的主要周转资金（除了越来越少的平面广告外）来自数字内容订阅用户的增长。根据新闻网站 Quartz 的说法，《纽约时报》在过去两年中增加了大约 100 万的数字订阅用户，在唐纳德·特朗普当选总统后增长了 27.6 万名数字订阅用户（这是推出用户订阅计划以来最大的增长）。

- **施耐德电气的能源大学。**正如罗伯特在前文所说的那样，施耐德电气公司 10 年前推出的能源大学是一个免费的在线教育网站，该网站提供齐全的培训视频库，内容涉及能源使用、技术发展、能源消费挑战的管理解决方案等各类与能源相关的主题视频。该网站包含近 500 个课程，拥有超过 50 万名订阅者，自该网站推出以来，已经接收到了 75 万个课程投稿。这些课程被翻译成不同的语言，让能源大学具有了全球影响力。该网站为公司提供了新的业务收入来源，提供了对区域市场中客户相关需求的数据，还可以帮助施耐德招聘新员工，当然也为受众了解电气工程的发展提供了教育资源。最近，施耐德电气公司开始开放能源大学的部分服务接受订阅。据报道，效果非常好。

间接收入

虽然在传统意义上一般将直接收入视为媒体公司的商业模式，将间接收入视为内容营销的结果，但创建内容并建立与受众之间的亲密关系这种间接收入，也是帮助公司完成商业目标的重要方式。

赢得收入

赢得收入的方法包括制作和分发内容产品服务，实现销售产品和服务的目标。

产品

公司向其忠实受众销售产品的例子包括：

- **"辣椒克劳斯"**。克劳斯·皮尔加德，又名"辣椒克劳斯"，是丹麦最知名的人士之一。他之所以出名，是因为他是一名狂热的辣椒爱好者。克劳斯的 YouTube 视频已经获得了数百万次的观看，仅克劳斯一边吃世界上最辣的辣椒一边指挥丹麦国家室内乐团演奏《嫉妒探戈》的那一期视频，就有超过 300 万的观看次数（注意这是丹麦人口的一半以上）。

  获得成功之后，克劳斯推出了一系列成功的产品，其品牌为"辣椒克劳斯"，包括辣椒片、辣椒酱、辣椒甘草和许多其他产品。

■ **Indium 公司**。Indium 是一家总部位于纽约州北部的世界级制造公司，主要开发和制造用于电子组装行业的原材料。该公司的核心技术是开发焊接材料，以防止电子元件分离。

Indium 公司的营销传播总监瑞克·肖特知道，Indium 公司的员工对工业焊接设备的了解比世界上任何其他公司都多。因为焊接是 Indium 公司制造其大部分产品的专业知识领域。瑞克·肖特认为，如果他们定期发布其专业焊接知识，将会吸引新客户并有机会销售更多的产品。今天，Indium 公司通过其"从工程师到工程师"博客，拥有了超过 70 篇博文和 21 个创作博主。简而言之，这个博客是促进公司持续增长的核心要素。

■ **"复制博客"**。布赖恩·克拉克于 2006 年推出了"复制博客"（Copyblogger），提供在线版权教育资源。在接下来的几年里，"复制博客"每天更新博客内容，产生了超过 10 万名订阅者。几年后，"复制博客"推出了内容管理系统 Rainmaker。该系统超过 90% 的销售额都来自"复制博客"订户。如今，该系统成为市场上增长最快的营销软件产品之一。

■ **欧莱雅**。全球化妆品集团欧莱雅于 2010 年以超过 100 万美元的价格从活在当下传媒公司手中收购了 Makeup.com。根据麦肯锡的说法，欧莱雅开始利用该网站向消费者传授如何正确使用化妆品的知识，目的是在消费者购买化妆品之前就开始与消费者建立联系。

■ **索尼的"阿尔法宇宙"**。索尼的"阿尔法宇宙"（Alpha Universe）是一个致力于为摄影专业人士提供内容的平台，但它并不只专注于推销索尼的产品，更侧重于提供摄影教育信息和其他有用的信息。从平台建立开始，索尼以多元化经营策略开发了播客、网络大学等多种教育形式。当然，该网站的最终目的还是推动索尼 Alpha 系列相机的销售。

■ **莫兹**。莫兹（Moz），最初称为 SEOMoz，是由现在的莫兹首席执行官兰德·费希金建立的。他于 2004 年开始撰写关于搜索引擎优化相关见解的博客，在不到 5 年的时间里，莫兹拥有超过 10 万名电子邮件订阅者。

兰德最初通过咨询服务实现博客的变现，但在 2007 年，他推出了相关软件工具和报告服务的订阅。

到2009年，莫兹完全关闭了咨询业务，专注于向受众销售软件，到2015年，莫兹成为估值3 000万美元的公司。

■ **密苏里州明星被服有限公司**。珍妮·多恩是密苏里州明星被服有限公司的联合创始人，该公司是位于汉密尔顿的一家被子工厂，拥有世界上最多的预切面料。为了提振下滑的销量，珍妮创建了绗缝视频教程，并在YouTube上发布。

该频道第一年收到1 000个订阅者，第二年收到1万个订阅者，目前为止有超过35万个订阅者。珍妮的视频浏览量达到了200万次。这些视频为她的网站带来了新的流量，平均每天获得2 000个在线订单，并使该公司成为世界上最大的预切面料供应商。

1. 产品——会员制销售。

■ **"最火企业家"**。"最火企业家"（EOF）是由约翰·李·杜马斯经营的每日播客系列节目。约翰向很多企业出售会员资格，具有会员资格的企业可以点击和使用他的产品。"最火企业家"每个月都会在博客上

第四章 收入模型

公布其收入和利润。以下是2017年2月公司收入样本：

会员收入：91 155美元

向企业家出售资源：73 098美元

- 有声阅读器软件Audible：172美元
- 自动化邮件系统AWeber：104美元
- 蓝色主机：600美元（包含网站建设的分步指南和23个WordPress*教程）
- 自动化营销软件ClickFunnels：64 892美元
- 相关技术人员推荐：4 775美元
- 免责声明模板：44美元（用于网站的法律免责声明起草）
- 网络会议软件Easy Webinar：438美元
- 商业课程软件Fizzle：837美元
- 引导页服务软件Leadpages：1 088美元
- 在线销售软件SamCart：148美元

向企业家出售课程：15 371美元

- 戴维·斯特曼·加兰德的"创建畅销"在线课程：8 245美元

---

* WordPress是使用PHP语言开发的博客平台，用户可以在支持PHP和MySQL数据库的服务器上架设属于自己的网站。

115

- 网络行销大师埃本·帕根的"发布蓝图"课程：635 美元
- 迈克尔·海特的"有史以来最好的一年"课程：4 234 美元
- 尼克·史蒂芬森的"你的首批一万个粉丝"：306 美元
- 特赖布的"创造循环性收入"：1 432 美元
- 布莱恩·哈里斯的"一万订阅用户"：519 美元

向播客们出售资源：915 美元

- 广播主持软件 Libsyn：730 美元
- 智能播客播放器 Pat Flynn 软件：120 美元
- 播客课程 UDemy：65 美元

其他资源：1 771 美元

- 亚马逊博客联盟广告：1 227 美元
- 其他：544 美元

■ **Wirecutter 网站。** Wirecutter 是一家产品测评和交易网站，2016 年《纽约时报》以 3 000 万美元的价格收购了该网站。该网站的盈利模式是，一旦它推荐和测评的产品产生交易，它都会赚一些佣金。从 2015 年开始，这些交易佣金为该公司带来了超过 1.5 亿美元的收入。

2. 产品——数据。

如果说哪种产品最容易被媒体公司出售，那就是数据。通过接触受众并了解受众行为，媒体公司可以以多种方式打包出售这些数据。

■ **GIE 传媒公司**。GIE 是一家贸易传媒公司，主要的受众是草坪和景观爱好者（包括其他）。每年该公司都会在订阅用户数据库方面进行大量投资，用以了解相关产品领域买家和行业专家的数据。然后，GIE 传媒公司以一次性订阅的模式向大品牌出售这些数据的访问权。

■ **先进出版公司**。先进出版公司是美国最大的私营媒体公司之一，拥有包括社交新闻网站 Reddit、音乐网站 Pitchfork 和美国有线电视运营商 Charter Communications 在内的数百家实体公司。这样庞大的资产使该公司能够覆盖超过 5 000 万人。因此，先进出版公司可以向多个行业的公司销售特定受众的数据，包括市场份额、购买数据路径、客户群购买方式及内容，以及零售商的本地数据信息和趋势等数据。

服务

■ **游戏理论家**。马修·帕特里克在观看通过游戏进行学习的相关课程时想出了"游戏理论家"这一概念。此后游戏理论家也成为他每周更新的 YouTube 视频系列主题,这让马修可以把他对游戏的热情和他在数学分析方面的技能结合起来。

经过一年时间,马修发布了 56 期节目,共吸引了超过 50 万对他节目感兴趣的 YouTube 用户。例如,他的节目《PewDiePie(在线视频名人)是如何征服 YouTube 的》产生了超过 500 万次的观看。他的节目《为什么〈塞尔达传说〉*的时间线是错的》下载量超过了 400 万。

如今,马修·帕特里克的游戏理论家品牌拥有了超过 800 万的订户。这一成功促使马修成立了理论家公司,这是一家专业咨询公司,专门为想在 YouTube 上取得成功的大品牌提供咨询服务。目前,理论家公司已经为 YouTube 上最大的几位明星提供服务,帮助

---

* 《塞尔达传说》,英文名为 *The Legend of Zelda*,台港译作《萨尔达传说》,是任天堂推出的知名游戏系列。

他们吸引更多观众，同时还为许多财富500强企业提供服务。即使是强大的YouTube公司本身也开始聘请这家公司进行咨询服务，以帮助YouTube保留和增加更多的用户。

■ "Zappos见解"。被亚马逊收购的在线鞋业销售公司Zappos将"Zappos见解"作为其品牌旗下的独立业务推出。首席执行官托尼·谢的文化转型故事（通过他的书和演讲）开始变得更受欢迎，Zappos也开始为其他公司的文化转型提供更多的帮助。随着越来越多的公司联系Zappos，该公司的高管根本无法满足所有的需求，同时他们也看到了这里面潜在的商机。此后，公司开始运营"Zappos见解"，为用户提供咨询、培训、建议和指导服务，并将其做成了产品套装。

保持收入

在所有带来收入的方法中，保持原有收入或客户忠诚度是最古老的一种方法，今天，这种方法仍然非常重要。各种规模的公司都开始印刷其公司杂志，以保持客户的忠诚度。

- **美国约翰·迪尔公司的《耕耘》杂志。** 约翰·迪尔公司于 1895 年推出《耕耘》杂志。该杂志现在仍以 14 种不同语言向 40 个国家出售纸质版和电子版的杂志。《耕耘》杂志一直专注于教授农民如何掌握最新的农业技术，发展他们的农场和企业。在过去的 100 年中，只有少数文章涉及约翰·迪尔公司的产品和服务。

- **《乐高俱乐部》杂志。** 在 20 世纪 80 年代和 90 年代，乐高面临着其他建筑类玩具的巨大竞争威胁，乐高公司知道他们需要建立一个强大的品牌和多重营销方法来对抗这些模仿者。在这些多重营销方法中，就包括创办《乐高俱乐部》杂志。该杂志根据当地市场和用户年龄为各年龄段的用户量身定制，让任何年龄段的孩子都能以有趣、便携的形式接收到乐高产品的相关内容。作为乐高俱乐部（世界上最大和最受欢迎的儿童会员俱乐部之一）的周边产品，《乐高俱乐部》杂志在 2011 年进行了大幅改版。改版后，该杂志加入了更多的卡通故事，更好地整合了客户照片，并且与乐高仓库、乐高零售店以及乐高"建筑大师学院"进行了很好的联动。

《乐高俱乐部》杂志是在 1987 年推出的，最初的名字叫作《码方块》（我是他们的订阅者）。

增长收入

当一个客户产生购买行为,具有创新力的公司就会利用该客户的数据提供更具有针对性的内容,基本上,时间越久,公司就能创造出越多的客户。

增产

■ **美国德美利证券的《思考财富》杂志。** 虽然你可能认为投资活动要保守和谨慎(特别是在复杂的衍生品市场),但《思考财富》杂志却向人们提供了不同的思维。这本杂志非常认真地对待投资问题,但不像多数华尔街公司那样冷酷而复杂。相反,《思考财富》采用了一种"把复杂问题简单化"的方法,这种方法既不过分前卫又不惹人讨厌,非常诙谐但又不失严肃。

■ 《思考财富》杂志目前吸引了超过20万名活跃交易客户,根据调查,普通的杂志用户平均每次看该杂志的时间达到45分钟甚至更多。超过80%的该杂志读者在阅读后会采取投资行动,该杂志读者的投资行动比没有读过该杂志的人高5倍。

交叉销售

■ **折纸工厂。** 折纸工厂的首席执行官特里什·威特科夫斯基通过她的视频节目"本周60秒超酷折纸"成为邮寄行业的知名人士,她的视频节目详细介绍了印刷直邮的信纸的折叠方法。根据作者和演讲家安德鲁·戴维斯的说法:"她制作的250多期视频已经产生了超过100万次的观看,并产生了5 000多名订阅者。此外,特里什已成为众多品牌的代言人,作为演讲者在世界各地巡回演讲,并举办相关研讨会。"另外,折纸工厂的视频还直接产生了超过50万美元的额外收入。

* * *

未来最成功的公司将不会只是利用媒体公司营销模式的某一部分,而是多个部分。正如投资者通过投资多种股票和基金,使其投资多元化一样,公司也需要使用多种营销方式产生多样化的收入流。

干货观点

◆ 只要构建起一个忠实的网络社群,并且可以直接与受众建立联系,你就会发现10种获取收入的方法。

◆ 通常,公司会首先获取来自特定受众的特定收入,然后,一旦网络社群成熟,公司便可以开始在多个领域获取多种收入。

◆ 传统意义上,媒体公司直接从订阅用户那里获取收入,而销售产品和服务的品牌则是获取间接收入。将来,大多数媒体公司和非媒体公司都将使用相同的商业模式,并且同时获取直接和间接两种收入。

第五章　营销媒体的成本节约模型

对知识的投资会带来最大的利益。

——本杰明·富兰克林

我的问题在于如何用我有限的净收入满足我所有的消费习惯。

——埃罗尔·弗林[*]

最常见的一个电视剧桥段就是"拉近镜头"的场景。你可能已经看过100多万次了，就是那种侦探和技术专家通过监控录像看到了颗粒状的线索。"拉近镜头，"技术专家说，然后你就会发现真的有奇怪的东西。"清理并放大，"侦探说，然后神奇的事情发生了，实验铁盘上水滴一样的黑色污迹变成了一张可以辨认的脸。就这样，侦探和技术专家依靠一台分辨率极低的摄影机发现了凶手的身份。在福克斯电视台播放的电视剧《识骨寻踪》中，一位技术人员扫描了一个骨架，发现了凶手手写的一个编码"分

---

[*] 埃罗尔·弗林，澳大利亚演员、编剧、导演、歌手，著名电影《侠盗罗宾汉》的主演。

形病毒"。不知为何，扫描仪居然自动扫描和读取了这个病毒，然后开始执行病毒代码，病毒就自动上传到了计算机中，导致计算机着火。我严肃地说一句，这太荒谬了。

但有趣的是，这些功能正在成为现实。2014年，科学家用高清摄像机拍摄了一张护照照片。他们把几个人放在拍摄对象前面，当他们放大时，他们可以认出所有站在摄像机后面的人。他们把照片放大再放大，你就可以很清楚地分辨出每个人的脸。我们以牺牲这些警察表演为代价的所有乐趣可能都将全面展开。我们曾经嘲笑的荒谬的技术正在变得越来越好。

这其实是个有趣的比喻，就像是我们曾经忽略的营销技术的功能，也在发生着翻天覆地的变化。在很多情况下，技术的进步已经完全超过了我们的想象和驾驭的能力。在市场营销领域，我们经常购买连自己都根本不了解的技术。因此，我们今天的营销工作可能更多地专注于软件的使用，而不是想办法去解决客户真正的问题。

随着营销软件变得越来越复杂，我们对技术的追逐也变得越来越迫切。最近一项研究发现，只有8%的营销人员认为他们拥有所有他们所需的工具，并最大限度地利用了这些工具。33%的营销人员认为他们并不具备所有他们所需的工具，但他们认为自己充分利用了已有的工具。更大的一个人群，34%的营销人员，认为他们既没有拥有所有他们所需的工具，也没能很好地利用现在已有的工具。

这与我们内容营销协会 2016 年的研究结果相吻合。我们关注和研究了与内容相关的技术，发现只有 18％的营销人员认为他们有合理的技术来管理企业的媒体资产。另有 45％的人表示他们虽然有工具，但并没有开发出企业媒体资产的潜力。当我们问这些营销人员对于内容营销他们最想学习的是什么时，绝大多数人（66％）认为是想学习如何更好地使用技术。

对于如何提升企业运行效率，营销人员面临着越来越大的压力，而技术的进步进一步增加了企业的投资成本和负担。我们必须找到更好、更具战略性的方法来提高我们在数据和技术方面的效率。

新的营销媒体成本节约模型

正如乔在前一章中所述，现在企业自媒体有很多种方法可以实现收入的增长。但同时，也有很多效率方面的问题需要我们解决。当我们更加密切地关注技术和数据对营销工作的价值时，我们看到受众可以提供一种更好更高效的方式来完成我们的营销工作并节约成本。结合乔关于收入增长的方式，这种依靠受众节约成本的方法可以帮助我们实现更多的利润。

想一下卡夫食品的例子吧。多年以来，它都是内容营销的领军企业。它出版的《卡夫食品与家庭》杂志是一本可以为企业带来收入的杂志，在发行量方面甚至超过美国专业餐饮类杂志《美食与美酒》。但它真正的魔力并不是内容带来的收入,而是该杂志实现了卡夫视频成本的节约。该公司利用其在线食谱数据库获取受众的数据,实现了从传统数字媒体购买数据的 4 倍回报。

利用其内容和数据技术,卡夫食品在其网站上追踪超过 1 亿访客的 2.2 万多个访客属性。如果你稍加计算,那就是 2 万多亿个数据点。利用这些数据,该公司对传统数字广告进行了优化,通过更加智能的程序算法把广告推荐给可能的购买者。正如时任卡夫数据内容媒体总监朱莉·弗莱舍 2014 在《广告时代》杂志上所说:

> 免费覆盖所有人群的日子正在快速结束。如果你不投入,那何必做广告呢?不做任何投入的广告就像在风中呼喊一样,很快就会消失无声。……制作与你的企业内容更相关的广告会让你的广告更卖力地为你工作。

如第三章所述,新营销的商业模式和新媒体的商业模式是一样的(见图 5.1)。一旦构建了忠实的受众群,我们便可以通过七种方式实现变现,并节约成本。与收入模型一样,成本节约模型也涉及增长、保持、赢得等这些框架。

减少销售成本

受众忠诚度最重要的价值之一就是如何利用受众的忠诚度来

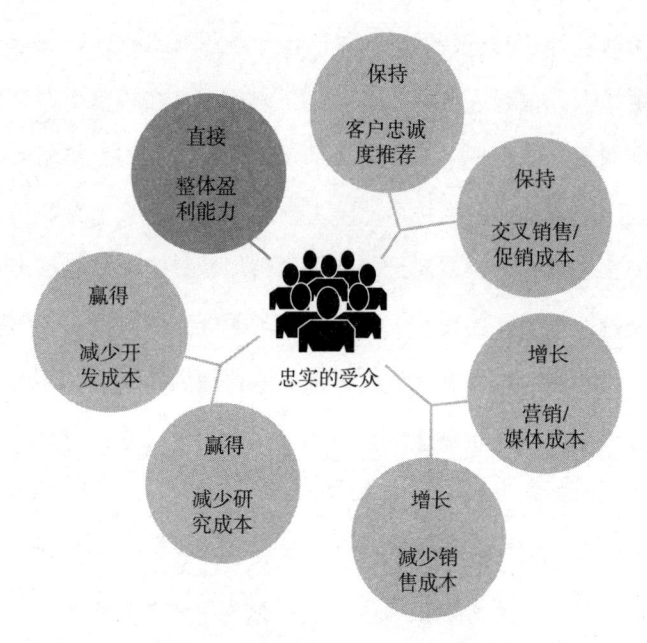

图 5.1 营销媒体的成本节约模型

减少企业的销售成本。

我们曾经和一家 B2B 公司合作，这家公司主要是通过主付费关键词搜索（如谷歌的关键词广告）、举办线下活动（需要凭用户证件进入）、开展思想和领导力网络研讨会（需要用户注册）等方式，来建立公司与受众的有效关系。

与许多其他技术公司一样，这家公司利用内容和思想领导力产品来平衡前期的费用。比如，购买谷歌广告的付费流量为他们带来了客户资源，这些客户为了获取内容和思想领导力产品的下载，会留下他们的电子邮件地址。举办线下活动时，需要扫描用户的证件，这样，企业得到了受众的信息，受众可以得到一个挤压应力球或者一份免费咖啡这样的小奖品。网络研讨会上注册的人会被公司分为两组，曾经参加过会议的人会接到销售人员的产品推销电话，而那些第一次参加的人则会被企业放进资源库中备用。

现在，该公司发现，这些原来的方法变得越来越昂贵，而且失去了效力。将受众的信息添加到公司数据库中的成本从每个平均15美元增加到18美元，据估计还会涨到超过20美元。此外，这些数据和信息的质量也在迅速下降。越来越多的假姓名和假邮箱开始出现，如 mickeymouse@gmail.com 这样一看就是假邮箱地址的信息越来越多，人们开始像重视资产一样重视自己的"数据"。

该公司不知道的是，这种营销模式是一种不断趋于零和博弈的营销。获取用户的数据会变得越来越难。而且通常的情形是，许多公司通过花钱买流量获取的却是已经被多次使用的虚假信息。

与该模式相反，我们改变了他们的营销方法。我们与该公司合作建立了一个综合资源中心，无论受众是否购买，都先为受众提供内容和价值。访问者先不被视为潜在客户，我们仅仅把他们当作受众。之后进行的促销活动被视为与受众建立客户关系的通道，而不是简单的营销活动。

因此，该公司建立了一个受众数据库，一个可以随着时间的推移不断进行变现的数据库。

这些受众中的许多人现在还没准备购买，但可能在一个月或三个月内购买。该公司将每次获取一名受众信息的成本稳定在18美元左右。但更重要的是，数据的质量呈指数级增长，不再出现虚假的信息。这些受众愿意提供他们真实的数据，因为他们重视该公司持续提供的内容。因此，该公司获取了准确而丰富的数据库。

然后，神奇的事情发生了，该公司还发现，<u>一旦这些受众开始成为付费客户，他们的付费频率是之前的两倍</u>。因此，该公司的获客成本也实现了减半。

这就是秘诀，公司必须愿意放慢其培育受众的过程，必须改变他们传统的销售和营销方法，从建立所谓付费购买来的数据库转移到建立受众群上来。公司必须从想方设法添加人到其销售漏斗并开始不断推销产品，改变为耐心地构建一个忠实的受众群体，达到这些受众会自动去购买产品的状态。

这是一种与传统的模式不一样的方法——它有助于你节省数十万美元的年度营销成本。

营销/媒体成本

正如上面提到的卡夫食品的例子，获取受众的真正价值在于它教给了你如何找到和接近更多的受众群体。

由于卡夫食品不断为其忠诚的受众提供价值，因此该公司可以利用收集来的数据为其潜在消费者提供更为精确的广告，从而改变公司需要向传统数字广告媒体购买数据的局面。

再看另一个例子：日德兰银行，丹麦市场份额第三大的银行。正如我们的纪录片《内容的故事》所述，内容营销协会完全改变了这家银行营销部门的运作方式。其营销人员曾说，该银行现在是一家恰好拥有自己银行业务的媒体公司。

现在他们发现，让自己的企业成为媒体公司实际上比从传统媒体公司"租用空间"更便宜。通过创建一个每天 24 小时、每周 7 天、全年 365 天不休息的新闻编辑室，日德兰银行不仅开发出了足以构建忠实受众的内容，而且还收集了丹麦国家电视网正在收看其节目的受众的信息。该项目主编拉塞·海格莱格特曾表示："如果你无法控制媒体，你就必须成为媒体。"

这种做法并不仅限于那些有实力在传统媒体公司的收购上花费数千万美元的公司。即使是中小型企业，利用受众群体的数据打造更具针对性的广告，也是有利可图的。上文提到的和我们合作的那家小型 B2B 公司，正在利用其最新的受众数据库更为有效地使用谷歌广告。注册该公司提供的数字内容杂志后，受众会根据阅读内容的不同而被分类标记。然后，当你通过谷歌四处浏览网页时，你会看到与自己相关的广告，因为谷歌根据内容消费习惯对你进行了定位。如果你访问与"购买"了相关的内容，你可能就会看到以买家为目标的谷歌广告。如果你访问了一些旨在"激励"你做出改变的励志内容，那么谷歌的广告将会推荐给你类似的付费内容。通过使用这种新的营销方法，该 B2B 公司的谷歌广告购买效率达到了25%。

交叉销售/促销成本

OpenText是加拿大最大的软件公司，其主要业务是开发和销售企业信息管理软件。该公司实施的一个创新性项目就是针对其新用户，建立一个完整的媒体网站。这个网站提供了完整的白皮书、清单、电子书和案例研究库，欢迎新客户加入学习。通过这个媒体网站，该公司创建了1 700多个企业级联系人，并最终转化为31个总价值180万美元的新机会。

营销人员很少意识到的一点是，通过放慢内容营销的过程，专注于为最积极的客户持续提供价值，客户是可以反馈给我们更多的价值的。他们不仅会购买更多的产品，而且还可以帮助你推荐，这样企业就无须因促销而付出过多的成本。

减少研发成本

忠实的受众可以帮助公司节约成本，因为他们会告诉公司，市场上的用户最需要哪些新产品或新功能。

在第四章，乔讲述了布赖恩·克拉克和"复制博客"这个在线版权教育资源提供者的故事。布赖恩成功的秘诀之一就是他有能力建立忠诚的受众群，然后让受众告诉他哪种软件最适合向受众销售。因此，他不必花费大量的资金开发受众没有兴趣购买的软件，而是简单地听取受众的反馈，满足他们最感兴趣的软件需求。

软件公司 Adobe 的旗下网站 CMO.com 是一个精彩的媒体平台，有超过 2.5 万名高级营销人员订阅。Adobe 公司有一个巨大的优势，就是能够查看整个 CMO.com 平台的内容消费情况，并利用这些数据来判断自己公司应该运作怎样的活动和项目，以及充分了解高级营销人员对什么样的营销材料感兴趣。

正如我在第一章中所提到的，强生公司使用 BabyCenter.com 网站的数据作为其 5 万名消费者研究小组的补充。该网站拥有数百万家长的数据，平台中这些家长分享的内容都是非常有价值的资料。

任何公司的最大成本都是新产品的研发成本。当然，研发成本的投入差异也很大，这取决于公司所处的行业。像 Salesforce 这样不断发展的软件服务公司可能会花费 12% 到 15% 的收入用于新产品的开发。一家制药公司的新产品研发成本，可能会超过 20% 的收入。而像大众汽车这样的汽车制造商可能会将 5% 到 8% 的总收入用于研发。

无论研发成本比例如何，研究和开发都将成为公司业务预算中相当大的一部分。利用忠实的受众群构建的平台数据库，通过分析数据进行更有针对性的研发，会为公司节约大量成本。

客户忠诚度和口碑推荐

看一个企业构建一个忠诚的订阅受众群体并不断加深其忠诚

度的过程,可能是我通过自媒体寻找新的营销方式的最佳动力之一。

参考一下以下的数字,可以知道过去10年我们努力获取用户数据的同时,忽略了什么:

■ 由于客户的服务体验不佳,去年超过一半的美国客户更换了服务提供商,这个比例比2012年增加了5%。

■ 企业的平均客户忠诚度在美国几乎没有变化,自2012年以来仅增长了1%,客户推荐公司的意愿仅上升了2%。

■ 只有23%的消费者表示他们与所消费的品牌有关系。

■ 75%的成年美国人表示他们更倾向于公司不收集或不使用他们的数据。

美国企业咨询公司CEB通过2012年的一项研究得出结论,公司和客户的互动次数与该客户对公司的黏度之间没有线性相关性。尽管如此,大多数公司的营销策略却都集中在"互动"这个指标上:这些公司认为他们互动得越多,他们收集的数据就越多,那么他们与客户的关系就越深入。这根本不是真的。

客户保持忠诚的真正原因，可能更多地与品牌有关的自我经历挂钩，而并非取决于他们买到的产品和服务。

正如我们在第一章中提到的，这就是品牌及其自媒体崛起的原因。因为只有建立起品牌的自媒体，创建更忠诚的客户群体才会变得相对容易。我们可以看到，有许多例子都说明了这一点：

■ **美国约翰·迪尔公司的《耕耘》杂志。**该品牌杂志自1895年出版以来，全球达到200万人订阅，光美国和加拿大就有57万人。正如现任出版物经理大卫·琼斯所说："我从来没有为像这样的品牌杂志工作过，人们如此热爱这个品牌，它是能让人们感到热情的一个品牌——孩子们甚至会用我们的拖拉机图案当作他们的墙纸。这种情况非常难以置信。"

■ **米其林指南。**没有多少人知道世界上最高档的餐厅其实都是由一家轮胎公司评级的。米其林星级是餐厅可以获得的最权威最知名的评级，目前该评级已经发布超过了100年。该评级创建之初是为了让人们多驾车去享用这些餐厅，从而更多地增加轮胎的使用。

我们与来自美国鞋业销售公司Zappos的克里斯塔·福莱坐下来沟通时，我们发现Zappos的项目是培育客户忠诚度并实现盈利的绝佳例子之一。该公司的首席执行官托尼·谢甚至撰写了一本关于忠诚度的书,名为《交付幸福》。那么 Zappos 到底是专注于客户服务还是客户忠诚度,其实是两者都有。

有趣的是,Zappos 其实是把客户忠诚度体验也看成他们盈利能力的一部分。"Zappos 见解"项目就是一种基于忠诚度的服务和创收方法。正如克里斯塔在我们的采访中所说的那样,它的开始非常偶然:

> 当品牌销售代表向我们的买家展示产品线时,我们真的很欢迎他们进入我们的办公室。我们会让他们参观,我们经常这么做。我们觉得公司与客户、公司与供应商或与任何合作伙伴之间都应该紧密联系,联系越紧密,就越有更好的合作效果。
>
> 所以,我们已经非正式地试着开始为外部人员提供访问我们办公室的机会。

如今"Zappos 见解"项目是该公司的盈利项目。正如克里斯塔告诉我们的:

> 托尼·谢的想法就是将我们已知的潜在商机都实现变现。因此,当 zappos.com 的子项目"Zappos 见解"于 2008 年启动时,它最初的重点是搭建会员资格平台,

这就是"Zappos 见解"的订阅模式。对于那些不想来参观我们办公室的会员，我们也可以让他们了解我们是如何开展企业文化建设和客户服务的。

整体盈利能力

过去五年我最喜欢的一次采访是在 2013 年，当时我采访了可口可乐公司全球广告战略和创意执行官乔纳森·米尔登霍尔（现在是爱彼迎的首席营销官）。在谈到可口可乐的"内容 2020 项目"时，他说：

> 但是，对于公司中更具财务意识的人，我必须这样说：如果我能让品牌的情感更加丰富，那么我就可以减少广告方面的交易。信不信由你，我们仍然需要吸引那些对可口可乐品牌没有充实情感的新消费者。

当我向他询问"交易"的含义时，他告诉我："当然，我们无法衡量任何一个 YouTube 视频、社交帖子或广告图对可口可乐的整体收入或盈利能力会做出多少具体的贡献，但我们必须继续在付费广告上花钱。可口可乐是全球最大的媒体买家之一。更重要的是，我们需要公司自己创造的那种广告。"他认为，其实他们完全可以通过优惠券或"买一送一"的广告形式来推动人们喝更多的可口可乐。但是通过内容营销"充实消费者的情感"，让人们为可口可乐支付全价甚至更高价，是一种更高级的营销策略。他把可口可乐视为一个媒体品牌——他的理论是，如果他能让消费者成为可口可乐忠诚的内容订阅者，让他们对品牌产生充实的情感，那么他就需要减少广告方面的交易。他通过构建忠诚的受众来衡量消费者对商品的额外体验，而且在消费者产生品牌情感后可以减少广告方面的投入，进而影响公司的整体盈利能力。

其实，红牛媒体工作室也采取了同样的策略。大多数情况下，红牛都是线下便利店中最昂贵的非酒精饮料。让我们明确一点：饮料其实在口味测试中并没有赢得太多好评。事实上，在2006年，红牛公司甚至曾经在宣传中承认自己的产品味道有些糟糕。但通过红牛媒体工作室，该公司构建了内容驱动的忠实受众群体，客户愿意支付比普通饮料更高的价格。而且由于收入充盈（正如乔在上一章中提到的那样），红牛确实能够随时转向任何自己喜欢的业务。

试着想象一下，红牛的营销部门现在实际上能够售卖任何人们喜欢的产品。虽然它现在已经在销售高利润的产品了，但明天，如果红牛决定进入时尚行业，或出售自行车、冲浪板等产品——它依然可以很容易地让忠诚的客户购买他们品牌生产的任何东西。客户也愿意付出更高的价格去购买。

受众：战略储蓄账户

正如我们在本章开头所讨论的那样，作为企业，我们应当利用自己所有的硬件和软件去关注最新营销趋势的发展。换句话说，我们要将最新的平板电脑、移动电话、物联网和人工智能的发展视为我们需要利用的平台，以及新的客户聚合点，例如广播电视、有线电视、脸书、推特、领英、Instagram 和 Snapchat 等软件，作为我们分享特定内容和实施内容策略的软件平台。

过去的15年，市场上的大部分公司创造了一个又一个的部门孤岛，即使在营销部门内部，也处于一种分裂的状态。我们现在拥有社交团队、移动团队、社交 CRM 团队、电子商务团队、网络团队、公关团队、品牌团队等一个个分裂的个体。

想要改变这一点很简单：企业必须意识到，每个营销渠道都不能是封闭的孤岛，它们必须相互配合一起讲好品牌故事。

营销部门必须在整个渠道中肩负起创建有价值的内容的责任，因为这些内容很可能会被你的客户分享出去。这让品牌拥有理论上无限多的品牌扩展渠道。社交网络上受众对你这个品牌有价值的内容和体验共享越多，你在品牌广告渠道方面投入的成本就可以越少。

因此，开拓受众分享渠道的唯一方法就是转变营销部门的职能，使之可以创建、管理和分享信息流（即内容），更重要的是，为客户创造更多的价值。

企业必须这么做，因为这既是属于现在的渠道也是属于未来的渠道。简而言之，营销部门必须实现组织变革，满足客户赋权的变化需求，并组织协调本部门生产大量有价值的内容。

对价值的描述相对容易理解。毫无疑问，营销部门应该制作比以往更多的内容来描述其产品和服务的价值。这是营销功能的重要转变，创造出的有价值的体验和内容，会成为公司的新肌肉，我们希望通过本书帮你的企业锻炼出这种肌肉。

因此，以上所有论点都解释了为什么企业要做出改变，以及如何将我们转变后的业务推向市场。营销必须要创造价值，而不仅仅是描述价值。作为营销人员，我们之前接受的培训都是学习产品、价格、渠道、宣传这样的 4P 营销理论[*]。现在，我们必须学会使用内容来创造价值，让营销可以做成更多的事情。

如前所述，品牌只是像媒体公司一样行事还不够——它必须成为不断满足受众需求的媒体公司。作为媒体公司，品牌应该通过营销吸引市场各个层次的客户：

> ■ 刚刚对产品、服务或品牌感兴趣的客户。
> ■ 在培育消费习惯和决策过程中的客户。
> ■ 已经成为消费者的客户。
> ■ 忠诚、有热情、重复购买，并最终成为品牌粉丝的客户。

---

[*] 产品（Product）、价格（Price）、渠道（Place）、宣传（Promotion）这四个英文单词的首字母都是 P，所以简称其为"4P"营销理论。

在当今的许多公司中，营销部门只是服务于销售部门的服务组织，营销部门的存在仅仅是为销售人员提供他们所需的材料。更糟糕的是，在一些公司中，营销部门成为一种负担，好像营销部门只是为了制作漂亮的小册子，而"重要的工作"应该交由其他部门来做。在一些公司中，内容的创造被视为营销人员可有可无的工作，通常在他们没有宣传册和广告可以制作时，才会想起内容创造。对许多公司来说，这种情况不及时改变，很可能会导致公司最终走向消亡。

在这种新的营销模式中，独特、有影响力、具有差异化的内容体验，将成为一项与产品开发同等重要的工作。这样做的好处就是让营销成为企业的大规模储蓄账户。成功的营销人员将不断改变和发展媒体运营的实践，专注于创造愉快的内容体验，以回馈、娱乐、吸引和发展客户。

干货观点

◆ 无论如何，我们应当利用新软件提供的新功能促进营销策略的发展，而不是让营销人员去盲目追逐技术。对技术的盲目追逐其实是一场零和博弈。我们必须找到以技术支持营销战略的方法。新的营销模式为企业带来的指数级的成本节约，来自我们容易建立起关系的消费者，而不是去定位与品牌还没有建立起关系的消费者。

- 我们可以通过内容拉近与消费者之间的距离，让我们的销售与消费者之间有更多的共同语言，以降低前期的销售成本。

- 我们可以通过使用受众数据来更准确地定位适合我们产品和服务的消费者，从而降低传统广告和媒体的成本投入。

- 我们可以通过减慢营销过程和培育用户群体的形式，让用户形成黏性，使他们最终从我们这里购买更多的产品和服务。

- 我们可以通过用户对我们投放到市场上的产品和服务的反馈，了解用户对产品的需求，来降低产品的研发成本。

- 我们可以通过寻找比我们目前的业务利润率更高的媒体公司模型，创造多种价值线，来提高我们企业的盈利能力。

第六章　杀死传统营销的第一步

不要屈服，不要淡化，不要试图追寻世俗的逻辑，不要根据时尚来改造自己的灵魂，而是义无反顾地追随你最强烈的痴迷。

——卡夫卡

去追求你想得到的东西，或者仅仅是变老。

——比利·乔尔

重塑营销，我们要做的第一步是什么？

在这个过程中，有一点值得一提，我和乔都清楚地知道想要转变营销的所有功能面临着怎样的现实。这不是轻描淡写的事，我们也不期望这样的转变在一夜之间就发生在大多数企业中。

我们的目标是去了解这种转变所带来的影响和机遇。我们之前说过，过去17年，营销人员所犯的最大错误，就是只进行小规模的渐进式变革，例如逐步利用数字营销、社交媒体营销、内容营销和其他运营模式，而不是从根本上了解新的营销模式将如何彻底改变企业。

我们认为，营销所创造的价值正在发生改变，营销从简单地向客户描述购买到产品后的体验，转变为真正为受众群体创造价值。新的营销战略将会影响整个企业的运营战略，并为用户提供远远超出产品或服务本身的价值的体验。

为了实现这种转变，我们必须采取务实的方法来发展和创建支持新式营销的各种流程。

营销对客户的变化反应迟钝的问题

正如我们所讨论的，现在市场已经发生了变化，客户变得更加自觉，他们会对产品进行浏览、调查、购买、使用、抱怨，也会忠诚于某一品牌。但是，涉及这些业务流程的营销方式却没有发生变化。迄今为止，传统的营销方法一直是将团队和技术投入营销漏斗的所有层面，创建更多的营销活动以优化每个层级。

这种传统的营销方法足以让产品生产商和代理商做同样的事情。许多品牌使用不同的代理商来处理不同的业务，但几乎每个代理商都建立了"直销团体"、"数字营销团体"、"营销体验团体"和"客户忠诚度团体"。这种层层分工大大降低了代理商为客户提供的价值。

有趣但也具有讽刺意味的是，媒体公司的营销发展速度竟然超过了传统的专业营销人员。《纽约时报》、《华尔街日报》、康得纳斯出版集团、时代公司等大型出版商都建立了自己的品牌内容工作室，直接与仍依赖传统媒体、横幅广告和视频30秒广告的代理商竞争。除此之外，这些媒体公司正迅速转向产品开发，提供实体产品并以媒体为中心增加新的收入模式。

正如乔在第三章中详述的那样，英国最大的独立媒体公司之一丹尼斯出版公司现在已经扩展到汽车销售的领域。该媒体公司购买了在线汽车经销商BuyaCar，现在汽车销售收入已经占据这家媒体公司总收入的16%。

万豪国际集团也表示，它"现在已经是一家媒体公司了"。万豪国际集团现在致力于成为领先的旅游和休闲生活方式媒体品牌。曾获艾美奖全球创意奖的万豪国际集团副总裁大卫·毕比说：

> 我们聘请了很多媒体人才，把很多以前讲故事的人，变成了营销人才。今天，媒体人才和营销人才其实是一类人。你不能认为这些人没有参与过传统的营销方式［广告］就否认这一点，其实这就是现在的营销方式。你必须尝试一下。

而这种尝试，就是企业面临的关键挑战。大多数公司的营销部门目前正分成各个小组进行单独的工作，他们总是试图通过创建更多的网络信息来体现公司的价值。但企业的改变必须是战略结构的改变，必须要先构建起一个坚实、连贯、一致的营销战略，将营销真正发展为构建忠诚的受众群体并为受众群体整合品牌所有价值，以实现企业的最终盈利。

需要明确的是：我们提出新的、有价值的内容体验，这些体验应该由营销团队负责创建和管理。内容体验应该成为客户体验的一部分，并最终提升客户的整体体验。同时，内容体验应当从用户体验中独立出来，提供独特的价值。它们不应该是附属于产品的营销活动，而应该像产品本身一样被单独对待。

这方面一个很好的例子就是克利夫兰诊所，之前我们曾经讨论过。该公司内容营销总监阿曼达·托多洛维奇向我们介绍了克利夫兰诊所是如何彻底转变其内容呈现方式，并成为行业领军企业的。她说：

> 我们在行业领导力方面的努力之一，是对内容业务加以全面的重新的理解。这应当是所有内容营销团队必须考虑的事情。
>
> 无论我们所做的内容业务规模是大还是小，营销人员都必须解决这个问题。我们必须了解内容业务在企业领导力方面发挥的作用，必须了解内容的价值，真正将内容视为整个企业的资产来看待。

在我和乔参与各种规模企业营销咨询的五年中，我们发现营销团队需要有三个核心要素来驱动营销模式的转变。

模式转变的三个核心要素

无论是实现营销模式的转变，还是改变、提升、整合企业的内容策略，有三个要素或者说能力都是成功的公司需要具备的。这三个要素会为你提供一个强大的管理内容营销的新流程、新方法。

它们是：

- **策划活动，而不是单纯引导买家下单。**简而言之，管理内容驱动的媒体体验，不能只是设置平台路径来吸引消费者下单。相反，公司应该寻求策划一系列激励订阅（建立受众）和吸引受众再次访问的活动。无论是远程、高接触频次的B2B模式，还是完全交易的B2C模式，客户都不希望被引导消费。消费者期望的是每一步都能自我主导，主动找到他们感兴趣的东西。因此，订阅有价值的内容就成为这些消费者的目标。

■ **意义驱动，而不是数据驱动。**数据本身是没有意义的，它只是一组汇总的事实或者统计出来供参考分析的数字。为了赋予数据以意义，企业必须制定新的策略，要在收集的数据中找到情感价值。这不是要求在数据中寻找跟情感、生命有关的内容，而是要求提出真实而富有洞察力的问题，从数据中寻找差异化价值——具有差异化的数据正是受众找寻这些数据的初衷。

■ **组织要灵活，不能一味追求速度。**实际上，营销部门需要灵活地处理问题，很多公司已经有了一定程度的改善。但这并不意味着它们放弃了一味地追求速度的做事方式。很多公司的营销部门无法从混乱的市场中找到秩序，它们的压力越来越大，因为它们害怕自己行动太慢。相反，一个经过彻底改造的营销团队，是可以在公司的营销战略和以客户为中心的体验之间取得平衡的。这样的团队并不一味追求速度，而是会随着客户的转变，灵活地改变营销策略。

接下来让我们逐一分析每个核心要素。

1. 策划活动，而不是单纯引导买家下单

很多文章都介绍了企业应如何在其数字内容平台上引导买家下单。需要说明的是，这仍然是一种有价值的功能。然而，新式营销团队需要意识到的是，不应该单纯注重增加品牌营销和内容生态带来的客户的点击量。相反，应该把重点放在建立营销和客户体验的一种平衡。事实上，营销的目标应该是在引导客户期望行动和为客户提供价值之间减少摩擦，达到平衡。

然而，由于现在企业可以轻松地创建和发布新的内容平台，一些营销人员盲目提高内容"范围和频率"，达到了荒谬的程度。现在，每个营销部门中的团队都想让顾客光顾自己的"内容"平台，因为他们认为团队与客户建立互动的次数越多，就越能广泛地推动客户与业务之间的深层关系。实际上，事实通常恰恰相反。

换句话说，传统的营销模式是让客户关注我们想要销售的产品和服务，想方设法让客户停下来并说服他们购买我们的产品。那么，我们是否可以将公司的媒体和营销部门改造成一个为客户提供价值的平台，从而吸引客户订阅呢？然后，在这个订阅的客户群中，我们能否继续发展这种信任，让客户自然而主动地找到我们的产品？简而言之，我们要运用品牌和有价值的媒体内容构建受众群体，并为他们提供信息和综合商业价值。

内容文化

Casper 是一家床垫公司，它正在颠覆消费者购买床上用品的方式。它的营销人员推出了一种专注于睡眠的网络杂志 *Van Winkle's*。它是一本网络数字媒体杂志，也是公司"打造睡眠文化"使命的一部分。该公司还运营着一个名为"枕头杂谈"的博客，用全新的视角更具体地分析床上用品。2016 年春天，Casper 的网站 sleepsleepsleepsleep.com 上线，该网站以非常诗意的方式来描述睡眠的价值。而 Casper 拥有的社交媒体分享了许多宝贵而有趣的信息，吸引了大量受众。这家公司在内容方面处于行业领先地位，在打造内容的过程中构建了自己忠实的受众群体。该公司打造付费媒体，在很大程度上也是为了支持自家的内容平台。虽然搜索和付费社交是比较昂贵的投资，但 Casper 依然在大力投资 Outbrain 和 Taboola 等内容投放平台，因为这样可以推广自家的付费媒体。正如菲利普·克里姆在 2015 年所说：

> 我们感到自豪的是，我们能够大幅增加预算。随着支出的增加，我们能看到每次激活成本的下降和投资回报率的上升。

要点学习

　　高绩效的品牌都在开发全方位、平衡性的数字媒体体验，这些体验会贯穿消费者的整个购买流程，集成在线上和线下的渠道中，为消费者提供多种不同的内容。这些公司构建公司自营的媒体组合，不仅可以让客户受益，也可以让自己公司的内容投放机制受益。许多公司已经在其营销部门创建了跨职能团队，并利用这些团队打破分而治之的局面，整合线上和线下的内容平台，把所有的内容体验最终集成到一起。

2. 意义驱动，而不是数据驱动

作为营销人员，很多人都知道公司首席营销官会在公司首席信息官的帮助下追逐一定的营销技术，特别是数据优化技术。无论我们称之为"数据驱动""大数据"，还是"机器学习"，其技术都是为了实现广告位置的优化、内容的更加个性化、与客户进行通信迭代的快捷化等目的，简而言之，就是利用技术预测分析我们下一步应该做什么。

但当前的现实是：这个技术策略开始遇到瓶颈了。

程序化的、有针对性的广告实际上并不是完全智能的，很多时候会弄巧成拙。如果弄巧成拙，对广告商、发行商都会非常不利，对消费者来说也是一件糟糕的事。定向广告的全部价值在于它针对的是品牌的特定客户，而不是更为普遍的受众。这种广告一般会针对互联网用户，在特定网站弹出。前《华尔街日报》技术记者、美国数字媒体 The Verge 的执行编辑沃尔特·莫斯伯格与同事有一段对话，沃尔特说：

> 我坐在一家广告公司的负责人旁边，他对我说了一句话："好吧，我真的很喜欢 AllThingsD[*]，从第一周起，我就觉得上面有很多非常有趣的东西。"我说："那很好啊，所以你要在我们的网站上做广告，是吧？具体想在哪里投放广告呢？"他说："好吧，我对你说实话吧。我们确实会在你们的网站上投放一些广告，但是我们将会从你们那里获取用户 cookie，弄清楚真正的广告点击者是谁，找出他们会去哪些广告更便宜的网站，然后我们将从你们的网站上撤下广告，把广告投放到广告点击者经常上的投放广告更便宜的网站上去。"

请仔细考虑一下这段话。随着程序化的发展，营销人员曾寄予厚望的媒体资产和品牌黏性已经一去不复返了。现在，已经有

---

[*] AllThingsD,《华尔街日报》旗下的数码产品信息网站。

办法计算如何获得最便宜的点击了,这种方式更快更个性化,很多时候当客户刚想要购买产品的时候,就已经有广告投放在他面前了。

监控其他发布商甚至我们自己的购买渠道的客户可以提供有价值的线索,但它本身是有限的。是的,当我们观察客户购买或浏览的内容时,对了解如何向他们进行交叉销售或推销是有意义的。但它只能在客户对产品感兴趣时才能让我们了解到他感兴趣的是什么。作为营销人员,我们想要了解的是客户是如何才开始对产品感兴趣的。

而且这些数据变得越来越难以获得。在欧洲,保护消费者隐私的新规则已经实施。《通用数据保护条例》在美国相对不为人知,但对于在欧洲的任何国家开展业务的公司而言,未来 5 到 10 年,该规则将产生广泛影响。这项规则比较复杂,但其重点就是要减少企业在营销过程中对消费者数据的收集。无论未来 4 到 8 年美国对有关数据和隐私的政策如何变化,有一点可以确定,那就是收集消费者的数据将变得更加复杂。

作为营销人员,如果我们可以查看顾客资源提供的数据而非有意收集数据,那么我们可利用的数据的价值将呈指数级增长。我们应当考虑为什么消费者愿意向我们提供数据以及他们如何向我们提供数据,并且我们要深刻地理解到,这些自愿提供的数据对我们来说是更有价值的。想想强生公司网站 BabyCenter.com 吧,想想这个网站是如何让客户自愿地提供其营销人员所需的宝贵数据的。另外，它也符合《通用数据保护条例》的要求，因为这些数据是顾客自愿免费提供的，顾客用这些数据换取他们在这家网站消费的媒体内容。也许不用在客户浏览我们的购物渠道时监控我们的客户，我们也能通过媒体实现我们的战略价值。用新的营销方式，我们可以更好地了解什么时候是向客户推荐产品的最佳时机。

理性之美与感性之美

随着首席营销官和首席信息官角色的不断转变，使用内容和数据来增强客户体验成为营销功能转变的一大驱动因素。但数据本身只是一系列无意义的原始数字，往往只会零星地反映实际存在的问题。今天，使用数据的次数似乎已经成为衡量营销团队或技术团队的重要标准。很多团队只在乎管理其数字绩效，而不考虑他们有时甚至在与自己公司的其他营销团队和技术团队竞争。

典型的例子就是B2B公司中的销售和营销团队之间的分离，一旦改变这种分离的状况，该公司的"数字体验"就会完全不同。但是，在所有各种类型的公司中，营销团队与销售团队相互隔绝的情况并不少见，因为数据都被封锁在各自的团队之中。

数据和数字体验只有在完全真实和可供使用时才会变得有意义。孤立地、仅有理论答案的数据对商业的开展毫无意义。仅凭孤立的经验无法产生艺术和化学反应。只有当数据真实并可以整合到商业情境中时，真正的意义才会出现。之后，有创意、有建设性的消费者的问题还会改进商业的流程，而不仅仅是一个形式化的东西。

软件公司 SAS 全球客户信息总监威尔森·拉吉表示："**数据尽管功能强大，但仅仅是成功的一半。另一半是要了解客户的情感需求，公司必须了解他们的愿望、恐惧、梦想、欲望等等都是什么。**"

高绩效的企业正在平衡理性和感性，为它们的客户创造更好的数字体验。

区分数据分析和数据两个不同的概念非常重要。我们再次引用威尔森·拉吉的话：

> 企业首席营销官必须问自己："我有数据吗？"如果答案是肯定的，但你仍无法解决企业的实际问题，那么这就不是数据的问题，而是数据分析出了问题。如果答案是否定的，那么你必须开始检查自己公司在哪里可以得到它，并添加缺失的链接。

这对企业首席营销官和企业首席信息官来说都是一个关键的问题。为了正确地询问"我有数据吗？"企业必须首先知道自己"需要什么数据"。

为了使数据对企业产生比现在更大的价值，营销人员必须要转变营销的方式。将分析数据作为企业成功的方法是不可持续的。相反，营销人员必须使用数据并持续改进获取数据的流程，以获得更有意义的数据,这样才能为客户带来更美好更强大的体验。

> **要点学习**
>
> 　　为实现这一目标,高绩效的企业需要让营销团队发挥领导作用。这些营销策略师将制定削减大数据层次的策略,使数据变得小巧而易于管理,最重要的是,要获取有意义的数据。这些营销策略师不一定是科学家或数学家,但他们能提出数据、客户和影响者的前沿问题。然后,他们可以应用聆听、对话和整合的方式,将数据转化为有意义的见解,从而推动业务向前发展。

3. 组织要灵活,不能一味追求速度

灵活几乎是现在所有营销人员都在说的关键词。但是,营销人员经常忽略灵活和快速之间的区别。

毫无疑问,数据作用的有限性让营销人员难以重新找到营销实践的快乐。最近有研究发现,超过66%的企业首席营销官感受到了来自公司首席执行官或董事会的压力,他们要首席营销官证明营销所体现的价值。另有60%的人表示这些公司领导层"正在施压"。

此外，营销人员也感受到了开发数字媒体体验的压力。一项研究调查了全球1 000家企业调整运营方式以实现管理"现代化、在线化、移动互联网化"的情况。该调查发现，96%的受访者表示，整合网络媒体体验已经从根本上影响了他们的业务。更可悲的是，这些企业中有三分之一的营销人员表示，"现代化、在线化、移动互联网化"的转变"让他们感受到巨大的压力"。

这是一项很重要的发现。高绩效的公司正在重新整合他们的业务，并发现"更多更快"其实是错误的指标，他们必须走出这个怪圈。对营销转变不够快的担忧导致营销人员做出愚蠢的决定，他们在更多的网络社交渠道投放更多的广告，并不断使用数字内容进行小规模的实验来骚扰客户，而不是尝试将所有的数字内容慢慢整合成有价值的媒体体验。

这就是灵活和快速之间的区别，这也是高绩效的公司通过技术开发出一个快乐的营销过程的秘诀。这方面做得好的公司一般都逐步创建和管理以客户为中心的体验，而不会盲目追求速度。随着这些公司逐步改变过去100年的陈旧流程，它们将智能化的体验融入了客户从浏览到购买的每一个步骤。简单地说：它们正在使用灵活的策略，而不是盲目地追求快速。

随着数字体验机遇的爆炸式增长，企业必须始终抵制无处不在的快速达到目的的冲动，而专注于灵活与效率——在正确的时间出现在正确的地方。

> **要点学习**
>
> 　　企业今天所做的与客户的"社交对话"和"即时"体验不应该是不断地向客户询问"你听说过我们吗？"然后3秒钟后，再向客户问一遍"你听说过我们吗？"对于高绩效的公司，现在的目标应该是建立一个灵活的对话机制，那就是"当您需要我们时，我们就在这里"。换句话说，每次客户外出时，推送通知的速度可以不快，但是客户通过自动偏好或明确要求找到你时，你必须有为客户解决问题的能力。

　　了解灵活和快速之间的区别，会将营销的快乐逐步找回来，这也是将营销部门转变为具有盈利思维机构的第一步。

用创建内容体验的方式重新设计营销

　　重新设计营销其实也很简单：营销人员必须走出盲目追逐新渠道的怪圈，构建以营销为导向的能力。要取得成功，营销部门必须做出改变。

　　营销人员当然必须能够通过各种离线和在线内容平台（例如电视、印刷品、社交平台、移动互联网）来推销公司待售产品或服务的价值。营销人员还必须创造与公司产品或服务分离且差异化的内容体验，然后将线下和线上的体验无缝融合在一起。

想要内容体验超越传统渠道的广告，要求企业创造的内容必须是真实的。内容不再是每个人孤立的工作。**内容体验的创建、结合、管理、发布和推广必须是公司协作化的战略化的功能。**

为此，营销部门必须建立新的业务流程，并创建新的公司职位以促使这些流程的顺利开展。这是一种专注于创建内容驱动体验的方法论，企业要真正将营销部门作为单独的、可以实现自我盈利的企业资产。企业的营销部门具有与企业的产品一样多的潜在价值，并具有增加收入降低成本的可能性。这就是我们称之为新式营销的本质。

干货观点

◆ 建立新营销模式的第一步就是，不要再把目光放在引导买家下单的每一个步骤上，而只需在这个过程中为他们创造非凡的体验。如果我们专注于鼓励客户订阅我们的内容，并给客户带来另一种美好的体验，那会比不断劝说他们下单更加有效。

◆ 数据的使用必须具有情感成分。数据只是一个事实和统计数字的集合，它毫无意义。但是，如果我们能获得更多的情感数据（消费者愿意提供的数据），我们就可以迈出一大步，使我们的数据更有价值。

> ◆ 我们过去过于关注快速行动了。营销专业人士已经习惯了以极快的速度前进。但我们需要更专注于创建新的营销流程和机制,以帮助我们以更灵活的方式运行,而不总是追求速度。营销应当是灵活的、适应性强的,而不是总是快速的。

第七章　单一媒体商业模式

在我不那么谦逊的观点来看,言语是我们取之不尽的魔力之源:能对人造成伤害,也能治愈人们的伤痛。

——J.K. 罗琳《哈利·波特与死亡圣器》

你不应该只看到建筑之美;真正经得起时间考验的是建筑的地基。

——大卫·艾伦·科

十多年来,我一直在谈论内容营销这个话题。这十年,内容营销已成为营销行业巨大的推动力,也许是最大的推动力。我已经看到了营销行业的进步。我们的战略正在从以产品为中心逐渐转变为以受众为中心。

然而,营销人员还是倾向于过度复杂化内容营销的概念。关于内容营销仍然有一种偏见,那就是我们需要在网上到处寻找我们的客户,我们需要利用所有的社交平台(无论我们喜欢与否),我们需要每天以不同的方式分发我们的内容,我们需要创建能病毒式传播的内容。

因此,当我上台演讲,告诉美国、芬兰、德国、澳大利亚和英国的营销人员,内容营销需要我们减速,仔细选择自己的渠道,寻找差异化的内容,并简化我们的营销策略时,我经常会得到一些不同的观点反馈。

"太简单了,"我听到这样一种说法。

"管理层希望我们在每个平台上发布内容,"我一次又一次地听到这样的说法,他们告诉我,"我们的领导层需要我们的内容营销立即取得成果",这几乎成了一个共同的说辞。

我只能说,当其他人都在淘金时,你应该想办法卖牛仔裤。

当你的竞争对手都在浪费他们的时间和资源发布越来越多的内容时,你应该专注于构建一个忠诚的受众群体,并期望在未来几年获得回报。

请记住,更多内容并不意味着更多资产。资产始终是受众,内容是让你得到资产的资格。一旦你开发了作为受众的资产,你就能获取收入和利润。

正如罗伯特总是说的那样:"我们的目标不是创造更多内容。我们的目标是要用最大量的资源创建最少量最精品的内容。"

一种简化的方法

任何规模的企业决定开始创建内容时,它都会倾向于尽快开始。

但首先,我们需要确保我们这样做是正确的,并且需要保证我们创建的任何内容对受众（或未来的受众）和业务都是有意义的才行。

以下是你在采取任何营销方法时都需要回答的问题，这些问题对于内容营销尤为有用。

广泛的问题

当你采取营销策略时，必须回答的广泛的问题有：

1. **你公司的挑战是什么？** 你试图解决哪些业务上的挑战（具体而言）？
2. **最终结果。** 你使用这种营销方法预期的结果是什么？
3. **风险。** 如果失败会有什么风险？
4. **谁参与了？** 你的领导允许你参与哪些活动？
5. **预算。** 在这种方法上你会花多少钱？
6. **如果出现问题怎么办？** 如果你没有足够快地实现目标，有客户投诉或出现其他问题，你的计划是什么？
7. **时间。** 你需要多长时间才能成功？

这些都是比较广泛的问题，原因是：在开始讨论任何类型的内容之前，问自己这些问题都会带你进入正确的思维模式。

更具体的问题

1. 为达到目标具体需要什么？是创造潜在客户、开发更高质量的客户，还是需要直接销售？

2. 机会有多大？这个机会是否足以保证你不浪费时间和金钱？

3. 该计划将如何与你的业务目标保持一致？如何适应你现有的营销？

4. 有什么风险？确定实现目标的风险来源，专注于你可以控制的事物，并确定你可以做些什么来实现风险的最小化。

受众的问题

你已经了解了要解决的问题以及创建内容的原因，现在你可以开始关注自己的受众了。

1. 谁是目标受众？（有时甚至可能只是一个人。）

2. 目标受众对内容与信息的需求和对产品的需求是什么？

3. 你的内容以何种方式帮助到受众的工作或生活？

4. 为什么受众关心这个？（受众关心吗？）

5. 你为受众提供了什么独特的价值主张？你带来了什么差异化的价值？

内容的问题

你需要仔细审查自己的内容。如果你提供的内容没有差异化，没有竞争力，那么你将很难吸引受众的注意力。

1. 你的差异化内容是什么？

2. 还有哪些公司能提供此类信息？你是否有机会成为该领

域的领先者？你有几成把握？

3. 是否有机会购买现有的外部资源而不是从头开始自己开发？

4. 如何找到有价值的内容？公司中谁可以提供专业知识方面的帮助？你已经拥有哪些内部资产和内容？

5. 你需不需要其他资源（人力和其他）？

6. 主要的讲故事方式是什么（音频、视频、文字）？请记住，你最好擅长一种内容形式并擅长一种内容分发平台（博客、杂志、线下活动、播客、视频等）。

7. 哪些关键的问题会影响或破坏你的内容计划？

8. 分发内容最有效的平台是什么？

9. 你是在创建新的内容品牌，还是在重复现有的产品或公司品牌？

内容分发和测试

1. 受众如何找到信息？

2. 你有什么流动资产来分发内容？可以利用哪些合作伙伴的资源？是否有付费预算？

3. 你如何知道你的内容计划是否成功？

4. 你会使用哪些订阅工具来获取受众信息？

5. 为了获取必要的数据，需要创建哪些关键的平台？

6. 你应该带领哪些部门最大限度地发挥它们的影响力？

7. 你缺少哪些技术来实现内容的分发和测试？什么是"必须有的"，什么是"有了会加分的"？

8. 你需要进行哪些内部沟通才能确保营销程序持续进行？

9. 考虑到顾客的购买周期，你能以多快的速度将主动销售、成本节约和客户忠诚度联系起来？

10. 需要解决哪些内部问题才能使订阅用户与公司收入挂钩？

创建业务清单

虽然还有很多问题要问，但回答上述问题将帮你找到你的内容计划中的优点和不足之处。

现在，你需要将获取的信息用于创建业务清单，每个清单都将成为整个项目的抓手。下面是其中的一个例子。

问题：从传统营销流程中收集到的数据让我们了解到，机械工程师（我们的主要买家和关键潜在客户）经常是最后才选择我们的产品。这意味着即使销售团队使用促销策略，我们也只能试图以价格而非价值来赢得客户。因此，收益率在过去 12 个月中受到显著影响。这是一个重要的管理问题。

解决方案：我们相信，如果我们能够构建忠诚的机械工程师受众群体,从我们的品牌中获得良好的内容体验,我们就能够绕过传统营销流程,提高我们潜在客户的质量(从订阅受众群体中精心选择),并在不恶性竞争的情况下赚取更多收益(而不是一味将我们的产品打折)。

我们自己的工程师是设计工业焊接设备方面最聪明的人。目前,有三本涉及设计、构建工业焊接设备的杂志,但是还没有一本设计工业焊接设备的专刊。我们相信,如果我们做成一本这一领域的领先信息资源杂志,建立一个忠诚的机械工程师用户群,然后在我们引导的一系列行为(订阅、参与、下载、参加网络研讨会等)之后,我们将成为这个用户群体中的领先品牌。

在审查了所有可能的内容创建途径之后,我们认为博客和电子通讯的组合最合适。最初的计划是每周创建两个博客帖子(周二和周四,周六电子通讯互动),直到我们看到电子通讯有了至少 5 000 名订阅者。达到这个数字之后,我们将更新博客的速度提高到每周三次。

让用户注册时事通讯的目的是设计和创建一个免费的样本模板。这个任务已经由另一个部门进行内部开发,并且有人负责将开发出的模板进行重新设计和分享(这是一个非常有价值的可供下载的内容)。

我们相信,如果充分利用我们当前的数据库并积极与外部媒体合作，5 000 名订阅用户的目标可以在 6 个月的时间内实现。在 6 个月的内容生产过程中，我们相信我们的内容产出影响大约会持续 8 个月，最终目标是将每次销售的平均收益率提高 15%。考虑到该计划所需的预算和资源，我们认为新业务会对整体收益率产生很大的影响，该计划会在 12 个月内产生 5.5 倍的投资回报率。

你刚刚阅读的就是你向领导团队提交的业务清单报告。用这种方式，你会让自己的目标和战略思想体现在纸上，这会让你有一个可靠的商业计划，并不断推进自己的业务发展。

但是这个计划（业务清单）不是一成不变的——它是可以更改并且应该是定期更新的。

单一商业模式

1979 年，ESPN 以一家仅限运动内容的有线电视台起家，最初由比尔和斯科特·拉斯姆森投资了 9 000 美元。大约 40 年后，ESPN 成为世界上最有价值的体育媒体品牌，据福布斯报道，它现在价值 170 亿美元。

最初的 13 年，ESPN 将所有注意力集中在一种商业模式上，那就是：有线电视。

第七章 单一媒体商业模式

然后在20世纪90年代，公司开始迅速将业务多样化。它于1992年推出ESPN电台，1995年推出ESPN.com网站，1998年推出ESPN杂志。

今天，ESPN几乎涵盖了地球上所有的内容形式——从推特、Snapchat到播客、纪录片。然而，在其核心平台（有线电视）取得成功之前，ESPN并没有盲目实施内容多样化战略。

有史以来最伟大的媒体都是先选择了一个主要渠道来构建它们的平台：

- 《华尔街日报》——纸质报纸
- 《快公司》——纸质杂志
- TED Talks——会谈现场活动
- BuzzFeed——在线网络杂志
- Rush Limbaugh——电台节目

大多数公司企图创建多个企业内部组织，制作尽可能多的内容并在不同的平台上投放。这显然是一个失败的策略。坦率地说，如果你仔细学习过媒体公司的发展史，你会发现这是行不通的。

单一媒体战略

2014年，在我们写《兴趣变现》这本书时，我们的研究团队研究了100多个成功的媒体品牌以及内容营销案例。令我们惊讶的是，每个品牌几乎都遵循完全相同的商业模式。

每个品牌都有四个关键属性：

> ■ 一个关键受众目标群体
>
> ■ 一个内容宗旨（内容向一个方向倾斜）
>
> ■ 一个（主要）内容类型（音频、视频、文本/图像、直播等）
>
> ■ 一个内容分发平台（博客/网站、iTunes、YouTube、Snapchat等）

即使是以3.15亿美元卖给AOL（现在的美国电信运营商Verizon）的《赫芬顿邮报》也不是从创建上百个博客吸引上百个受众群体起家的。它仅仅始于一个博客，博客内容也仅限于左派比较喜欢的内容。

一个受众群体和一个内容宗旨

除了基础商业模式（如何盈利）之外，媒体公司还有一件事是非媒体公司不用考虑的，那就是内容规划。

所谓内容规划其实就是创造内容宗旨的过程。媒体公司一般会通过编写一份内容宗旨来开始创立它的企业战略。这份宗旨会指导它的内容创造，是该媒体公司整体业务的灯塔。在我的职业生涯中，曾推出 40 多种不同的媒体产品，从杂志到新闻通讯，从线下活动到网络研讨会。在每一次媒体产品发布的最初几天，我都会进行内容宗旨的设立和调整。这是建立成功的媒体战略的第一步。

内容宗旨

公司的宗旨就是该公司存在的理由。它也是创始人之所以创立该公司的原因。例如，西南航空公司的公司宗旨就是使旅行体验平民化。美国药品零售巨头 CVS 的公司宗旨就是成为客户最容易找到的药房零售商。因此，简单来说，企业的宗旨回答了"我们为什么存在"的问题。

从本质上讲，你的公司宗旨陈述需要定义你受众群体的身份，以及你创建所有媒体内容的原因。

在我的书《内容营销时代》里，我讨论了公司宗旨声明的三个部分：

- 核心目标受众
- 传递给受众的东西
- 受众最终得到的结果

案例：数码摄影学校

戴伦·罗斯利用内容作为商业模式，创建了两家非常成功的公司。第一个是"专业博客"，这是一家专注于创建小型企业博客的公司。第二个就是数码摄影学校，这是入门级摄影师学习拍照技巧的网站之一。

但数码摄影学校一开始并不是这样的。最初，戴伦推出了一个相机评论的博客。他解释说：

> 在成立第一家公司之前，我创建了一个相机评论博客，这是我的第一个商业博客，它已经让我达到了全职经营的水平，但它并不是一个非常令人满意的博客。我的读者会在某天来研究某个相机，然后消失，永远不会回来。所以我总是对此感到不满，我实际上并没有建立一个完美的社区，我认为这才是真正让人感动的东西，因为这样的社区会拥有持续的读者。我一直想要一个长期帮助人们成长的博客。

在最初的试验失败后，戴伦回到摄影博客，但他改变了他的注意力（我们称之为内容倾斜）。戴伦最终决定将自己的博客向一个特定的受众群体倾斜。

戴伦说："我想之前我关注的内容太多了。"他回忆说：

其实我的博客很早就有关于初学者的内容,这是非常基本的内容。我对是否应该扩展更多进阶内容始终有一些疑问,但两年来我坚持发布初学者的内容并真正构建了自己的受众群体。所以我没有过早地扩展进阶内容这一选择,事后看来是非常正确的。

这个选择最终得到了回报,戴伦看到他的电子邮件订阅用户和社交媒体受众的总数已经超过了 100 万。

让我们来看看数码摄影学校的内容宗旨吧:"欢迎来到数码摄影学校——这是一个提供简单的摄影技巧的网站,帮助数码相机初级用户更好地使用相机。"

让我们剖析一下这段内容宗旨:

- 核心目标受众:数码相机初级用户
- 传递给受众的东西:简单的摄影技巧
- 受众最终得到的结果:更好地使用他们的相机

内容倾斜

正如我们在《兴趣变现》一书中所写的那样,**内容倾斜不仅仅是讲述一个不同的故事,更是寻找一个竞争很少甚至没有竞争的信息领域,让你的公司有机会在这一领域实现突破的策略。**

在考虑创建数码摄影学校时,其实已经有数以千计的涉及摄影的网站，戴伦是如何在没有大量预算的情况下实现突破的呢？

戴伦认为，网络上的大部分摄影内容都是差不多的，这些内容一是聚焦于摄影专业人士，二是采取难以互动的长文本形式。戴伦的内容倾斜，是通过他的仔细观察之后，把内容和注意力转向摄影初学者，并且创造可以轻松使用、立即使用的内容。

企业出错的地方

内容营销协会曾经接过一家在博客方面遇到问题的大型科技公司的咨询。具体来说，该公司博客的流量和转化率连续6个月都呈下滑趋势，该公司的博客编辑团队无法确定问题之所在。

我们的第一次会议只花了几分钟时间，就发现了问题。

编辑团队表示，该博客试图吸引多达十几种不同类型的受众（买方角色）。我们很快就发现，为了创建与每个类型受众都相关的内容，编辑团队不得不淡化公司的核心内容。这创造了一种非常平淡，在互联网任何地方都可以找到的内容体验。

简单说就是，该公司没有创造任何真正差异化、有意义的东西，因为它试图同时瞄准过多的受众群体。

最伟大的媒体公司都是一次只针对一个受众群体的。任何附加的东西，如果与核心受众群体不相关，就很难产生效益。

跳出舒适区建立自己的内容倾斜

我喜欢蒂姆·费里斯的《巨人的工具》一书。

本书有一个章节是讲述前对冲基金经理和多次创业的企业家詹姆斯·阿尔图切尔的。在很短的时间内，詹姆斯能够比网络上的其他任何人都更快地吸引到他的受众。他是怎么做到的？詹姆斯直截了当地说："实际上，我们每个人都有二三十个巨大的痛点。我试着基于这些痛点写下我是如何解决它们的。"

蒂姆·费里斯接着说，他遵循詹姆斯的建议，问自己："我自己感到最尴尬与最挣扎的事情是什么，为了解决这件事我又是如何做的？"

说实话，对于任何规模的品牌来说，限制它的内容创作都是非常困难的，却是非常必要的。只针对你的目标客户进行内容创作，找到你的行业细分领域进行内容创作，这是基本的要求。你需要让你的内容具有辨识度。

我和罗伯特一起拜访了世界各地的品牌，我们发现很多品牌创造的内容并不独特。坦率地说，这样的话企业就完了，因为它们只生产"安全的"内容。正如赛斯·高汀所说："我们不能完全服从竞争规则。"对于企业也是如此，如果你只生产毫无特殊性的内容，那么你是在浪费每个人的时间，无论是公司的时间还是你试图留住的受众的时间。

因此，在生产内容时，你需要采取内容倾斜的策略。你应该去分析你的内容细分领域，这个领域需要什么样的内容，以及你是否达到生产差异化内容的标准。如果你像大多数公司那样随波逐流，那么你可能还没有做到这一点。

我们需要像阿尔图切尔所说的那样——真正解决受众的痛点，无论他们是工程师还是企业家。如果你不知道他们的痛点是什么，请与你的受众交谈，与你的销售代表联系，与你的客服部门联系。使用你们公司一切可以利用的数据去分析你目标客户的真正痛点是什么。

这样，你便有机会去做大多数公司都感到害怕的事情了：跳出舒适区，用真实的甚至令你尴尬的方式找到你的内容倾斜。你不会对自己的内容感到十分的满意。这样的内容创作可能会令你有点不舒服。但如果你真的做到了这一点，那么你就真正找到秘诀了。

发现内容倾斜

虽然我使用内容营销一词已经 9 年了，但迄今为止它似乎仍然是一个新的营销术语。

当时占主导地位的行业术语是定制出版。通过与高级营销从业者（内容营销协会的目标受众）的对话，我发现定制出版这个词并不能与他们产生共鸣。但内容营销这个词是否有机会改变整个行业并成为我们公司的内容倾斜呢？

我利用谷歌趋势工具并查询了一些短语。以下是我发现的与主导行业术语（定制出版）和新兴术语（内容营销）相关的内容。

■ **定制出版。** 如果把这个术语看作一只股票，我们内容营销协会肯定不想拥有它。因为这么多年来，人们都不太经常搜索这个词。此外，许多相关的文章提到的不是我们关于品牌创造内容的想法,而是与定制的印刷书籍相关的内容。这种混乱以后肯定是一个问题。

■ **内容营销。**这个术语甚至没有在谷歌趋势上注册。于是我认为,如果创建了足够多的正确的内容,就可以开始围绕该术语开展活动。由于品牌内容和定制内容的术语让受众产生了混淆,营销行业很可能需要一个新的术语来引领潮流。此外,在"内容营销"这个术语仍没有一个行业领军者的情况下,如果内容营销协会可以做到,那么我们的机构就会很快占领搜索市场份额。

因此,在与受众交流并使用谷歌趋势等工具搜索之后,我让内容营销协会确定了其内容细分领域并建立了自己的内容倾斜。如今,内容营销已成为公认的行业术语,并帮助内容营销协会成为全球增长最快的媒体公司之一。

数字营销公司 HubSpot 是一家非常成功的营销自动化企业,这家企业是"集客营销"术语的发明者。2006 年,HubSpot 围绕这一术语建立了一个同名博客,编写了一本书(名字也是《集客营销》),拍摄了一个视频系列并开展了一个名为"集客营销"的线下活动。正如你所看到的,集客营销这个术语帮助 Hub-Spot 成为行业领导者。

单一内容类型

根据 2017 年内容营销协会和"市场证明"公司关于内容营销基准的研究,最受欢迎的内容类型如下(按使用顺序):

- 文章或博客帖子
- 电子通讯中的文字故事
- 视频
- 现场活动
- 报告或白皮书
- 网络研讨会/网络广播
- 书籍(印刷版或电子版)
- 印刷版杂志
- 音频节目
- 印刷版时事新闻

大多数媒体公司的成功案例都属于以下内容类型:

- 文章、博客(或内容型网站)。内容营销协会构建受众群体的主要平台就是发布内容的博客。我们的博客一开始是每周更新三次,现在每天更新一次或是每天更新多次(包括周末)。

第七章 单一媒体商业模式

■电子通讯项目。由好莱坞女星莉娜·杜汉姆创办的新闻简报 Lenny 有 50 万订阅者，其中 70% 的订阅者会打开每一条时事通讯推送。

■视频。"游戏理论家"创始人马修·帕特里克每周都会通过 YouTube 发布一个新视频。

■播客。约翰·李·杜马斯的播客节目"最火企业家"每天都会播出一个新的播客访谈。

在上述每个例子中，这些公司很多已经开始尝试内容形式的多样化，进军其他媒体产品，如杂志、视频频道、播客等。但每个企业都是以关注一种关键的内容类型，把一个内容类型做大做强为前提的。

一个平台

既然你已经知道如何讲述自己的故事（选择内容类型），那么下一步你就需要决定使用何种平台了。从长远来看，你可以通过多种渠道分发你的内容，但最开始你需要对"核心"平台做出选择。

在做出这个决定之前，你需要考虑两个主要问题：

■什么渠道提供了接触目标受众的最佳机会？（送达）

■什么渠道可以让你最大限度地控制内容受众群体？（控制）

布赖恩·克拉克的"复制博客"几乎可以无限制地控制其平台，因为它是一个拥有自己的 WordPress 系统的网站。与此同时，"复制博客"需要建立一个系统来吸引人们访问其内容，因为它的网站不是一个可以自然带来流量的生态系统。

而"最火企业家"播客和"游戏理论家"频道的可送达性要优于"复制博客"，因为它们都在充满流量的平台环境中发布。"最火企业家"播客通过 iTunes 发布，iTunes 上每天都有数百万人在寻找新的播客。

"游戏理论家"情况类似，其目标受众（青少年）每天都会在 YouTube 平台上闲逛。因此，只要"游戏理论家"持续在 YouTube 上创造出吸引受众的内容，它就能吸引更多受众。

"最火企业家"和"游戏理论家"的问题在于它们只能利用它们的平台却无法控制它们所在的平台。"游戏理论家"拥有超过 800 万用户，这是一个非常棒的数字，但从技术上讲，"游戏理论家"并不能控制它与受众的关系，真正能控制这种关系的是 YouTube。作为一个平台，YouTube 完全可以决定明天不再将受众引流到"游戏理论家"，平台完全可以决定是推广马修·帕特里克（"游戏理论家"创始人）还是吉米·肥伦（脱口秀主持人）。

考虑一下二人组合 Smosh 的例子吧，这两个人的频道在 YouTube 上吸引了超过 2 000 万的用户。在过去几年中，他们在视频结束时都会呼吁受众去他们自己的网站 Smosh.com，因为只有在自己的网站上,他们才可以控制受众的电子邮件订阅。这里要强调的是,如果你选择低控制通道作为内容分发的主要平台,请注意,在时机成熟的时候,你需要将该平台上的订阅者转换为你自己的订阅者。

社交媒体怎么样?

虽然 YouTube、Snapchat 和领英等社交媒体渠道都是构建你的数字内容和粉丝的好地方,但你最终无法控制这些公司,也无法控制你与粉丝的关系。当然,领英允许你的粉丝查看你主页发布的所有内容,但它明天可能会改变主意。作为私人企业,它完全有权这样做,而如果你免费使用领英而不是会员,那你就没有任何权利改变这一点。

脸书、推特、领英、Pinterest 和 Instagram 等传统社交渠道以及 Snapchat 和 Medium 等新的社交媒体渠道都可能是你需要考虑的内容投放平台,具体选择取决于你的目标受众,但了解其潜在危机非常重要。

看看今天发展最快的媒体公司,如 BuzzFeed 或 Vice 是怎么做的吧,它们都建立了自己的网站。

你甚至可以看到《纽约时报》或《时代》杂志等传统出版商,它们都善于利用社交媒体构建自己的受众,但它们并没有把社交媒体作为自己的主要平台,它们的主要平台是印刷版的杂志和自己的网站。

无论是传统媒体公司还是新媒体公司，它们都会建立自己可以控制的网站或创建拥有众多订阅者的印刷版杂志。它们会利用社交渠道将人们带回自己的网站，这样它们就可以将路人转变为可以为公司带来盈利的受众。

你取得收入的最好机会

我职业生涯的早期在企业对企业的出版领域中度过。我工作过的每个出版物的衡量指标都是订阅者数量。最初叫流通拓展，现在叫受众拓展。在没有支持媒体品牌产品的订阅者的情况下，出版物不可能实现盈利。

想一想：**没有订阅者，就没有收入。**那是媒体行业过去、现在和将来都要面对的现实。想想你所在行业的主要出版物，看看ESPN、《华尔街日报》或《纽约时报》，没有订阅者，它们都无法运作。

"复制博客"的布赖恩·克拉克从"只是一个博客"变成了这个星球上发展最快的软件运营服务公司之一。他成功的秘诀其实就是拥有超过20万个的目标用户。这些用户非常了解、喜欢和信任"复制博客"，以至于他们会购买布赖恩·克拉克放在他们面前的任何东西。

当大型企业正在暗战，卷入政治并且专注于（有时）无意义的指标而相互拆台时，**那些有耐心、有激情的企业正在不断积累**

自己的受众并不断赢得胜利。

一旦你构建了受众，那么一切皆有可能……你的订阅者就会让这一切发生。

订阅者的层次结构

在分析数字内容并开始构建受众时，你的重点需要放在图7.1的顶部位置。简而言之，各个平台的订阅用户不是平等的。如果你可以选择，电子邮件订阅者是最可控且最有价值的。

- 电子邮件订阅者
- 印刷品订阅者
- Medium订阅者
- 推特粉丝
- 领英关注者
- iTunes订阅者
- Snapchat粉丝
- Pinterest订阅者
- YouTube订阅者
- 脸书和Instagram粉丝

图7.1 虽然所有的连接都可以利用，但并非所有连接的价值都相同

- 电子邮件订阅者。他们允许你进行最大程度的控制并最容易访问。对受众非常有用的相关电子邮件会让他们成为你的忠实受众。
- 印刷品订阅者。你拥有令人难以置信的控制力。但这种方式下沟通永远不会及时完成，反馈也很困难。由于印刷和邮寄的费用，成本也会带来一定的挑战。
- Medium 订阅者。Medium 正在发展成为更多网站的内容管理系统，WordPress* 也是如此。因此，这类受众允许发布者对自己的数据进行某种程度的控制。
- 推特粉丝。你可以完全控制发送给关注者的内容，但消息的生命周期为 8 秒，因此联系受众可能非常具有挑战性。
- 领英关注者。领英正在越来越多地修改算法，只显示 feed 流更新。
- iTunes 订阅者。在这里，你可以自由地控制音频的传送，但 iTunes 不允许你访问订阅你的内容的人。
- Snapchat 粉丝。构建忠实受众的最佳机会之一，但该平台是新的，Snapchat 目前正想办法实现其平

---

* Medium 和 WordPress 都是轻量级网站内容发行的平台。

台的盈利。平台上的帖子不长期保存，因此你需要不断创建新的内容。

- Pinterest 订阅者。Pinterest 提供对内容交付的完全控制。如果用户选择，他们才会看到你的内容。平台没有内容的最终所有权。
- YouTube 订阅者。你可以控制自己频道的内容，但如果订阅者没有与你的内容进行互动，YouTube 可能会删除你的部分内容（称为"订阅者烧毁"）。
- 脸书和 Instagram 粉丝。脸书不断修改其算法，这是你无法控制的。根据最新算法，粉丝可能不会看到你发布的内容，只有高质量、实用和有趣的内容才最有可能被用户看到。促销内容几乎全部会被脸书屏蔽。

虽然你对某些订阅选项有比较多的控制权，但信息分类网站 Yext 的首席营销官、《受众》的作者杰夫·罗尔斯坚持认为，没有公司真正"拥有"其受众："受众分散在不同地方的原因就是没有公司可以真正拥有自己的受众。无论你是主流的电视网络、流行歌星还是拥有狂热粉丝的职业体育团队，你都不会真正拥有自己的受众。他们可以随时放弃、离开你的频道。"

令人惊讶的是，有用而与其相关的内容可能是我们与受众保持联系的唯一方式，无论我们选择使用哪种订阅选项。

有一件事是大家都清楚的：电子邮件对这种商业模式很重要（事实确实如此），你必须有一个值得订阅的电子邮件通讯。例如，由于在脸书和推特这两个社交网站上分享了很多精彩内容，新式媒体品牌 BuzzFeed 非常受欢迎。随着脸书改变其算法，看 BuzzFeed 帖子的粉丝越来越少，这开始影响到了 BuzzFeed 的网络流量总量。为解决这个问题，BuzzFeed 在构建电子邮件订阅者方面开始发力，实现了订阅用户翻番，在 2015 年增加了超过 100 万的电子邮件订阅者。

我们在本书中提到的媒体营销模式里，电子邮件是实现受众变现的绝佳方式。对于内容营销协会，79% 的受众在购买我们的任何内容之前订阅了我们的电子通讯。简单地说：首先通过电子邮件与受众建立关系，然后就你有机会通过这些受众获利。

> **你的电子邮件通讯有价值吗？**
>
> 在内容营销协会和"市场证明"合作开展的研究中，超过 80% 的商业营销人员都有自己的电子邮件通讯。其中，四分之三的人使用他们的电子邮件通讯作为他们的博客、文章和视频的主要宣传途径。

第七章 单一媒体商业模式

我是一名电子邮件通讯狂热粉丝。我相信它对大多数实质内容营销方法至关重要。这也是我在演讲中频频提到电子邮件通讯的原因。在过去的一年里,我向各种营销受众大约提出了 20 次这个问题:"你的电子邮件通讯真的在为你的目标受众提供价值吗?"

你知道有多少人举手表示肯定吗?只有 12 个人(我关注这个数字是因为它的数量很少),几千人中只有 12 个人相信他们可以通过电子邮件通讯为客户提供有价值的信息。

如果这是真的(我相信它是真的),你能想象我们的受众和我们的员工有多少时间是在浪费吗?这样的结果甚至变得有点像传播效果不好的社交媒体……电子邮件通讯其实是很容易送达的,而且理论上成本也非常便宜,我们不会在它上面花很多时间。实际上,我们没有好好利用电子邮件通讯解决问题,而且没有好好利用电子邮件通讯本身就是最大的问题。

随着越来越多的社交媒体平台开始实行付费服务,我们再也不能浪费电子邮件通讯这个宝贵的资源了。

以下是创作电子邮件通讯时需要考虑的三个要素:

- 一致性。每个伟大的电子邮件通讯都是在每天、每周或每月的同一时间发送的。这意味着如果你在星期三上午 10 点发送电子邮件时事通讯，则每周三上午 10 点你必须定时发送电子邮件，除非你告知受众你要更改时间。不是 10：01，也不是 9：59，你必须准时 10：00 发送消息。自媒体公司出现以来，伟大的媒体公司的标志一直且永远都是在一致的时间提供有价值的东西，创造真正令人惊叹的内容体验。

■ 提供真正的价值。你是否为目标受众提供了至关重要的信息？你是否为你的追随者提供了他们没有的东西？我不是在谈论提供优惠券或折扣券，我正在谈论的是你要为受众提供真正的价值，这些内容可以让你的受众过上更好的生活或获得更好的工作。

■ 独家性。你是否在电子邮件通讯中堆积资源、转发来自博客的链接？这个精彩的电子邮件通讯是否包含真正独家的内容？

看吧，电子邮件通讯的效果并不是那么糟糕。一致性、提供真正的价值、独家性，就是利用好电子邮件通讯的三大法宝。

请检查一下你自己的电子邮件通讯，你认为以上三个要素中，你做对了几个？

我和罗伯特希望简化商业模式，观众真正需要的是持续的精彩内容和互动，所以在一百个不同的频道上制作大量不必要的内容，完全是没有意义的。

干货观点

◆ 在开始创建和分发内容之前，首先需要确保企业在执行正确的策略。制定策略并与你的团队分享该策略是最为重要的一步。

◆ 有史以来最伟大的媒体公司，都始于对核心渠道中核心受众的专注。拥有订阅用户不等于创建连接。尽管社交媒体的订阅用户具有潜在价值，但前提是不能让订阅用户只作为一个用户数据存在，你要更好地服务这些用户。

第八章　今天：一切的开始

购买土地吧，因为他们不能生产更多的土地。

——马克·吐温

如果你尝试做某事失败，也比你什么都没有尝试却取得成功要好。

——佚名

这种新式营销方法的成功不会一蹴而就。

克利夫兰诊所现在是世界上最大的医学网站之一，但它也像大多数其他企业一样，靠一本出版物起家。经过多年的经营，它拥有了多本面向不同受众群体的杂志（例如，专门针对患者的杂志），于是，它决定创建一个真正属于自己的内容网站。

该网站称为克利夫兰诊所健康中心，它是世界上解决患者问题的最主要资源网站之一，每月吸引超过 400 万的消费者。

阿曼达·托多洛维奇领导克利夫兰诊所的媒体部门。下面这篇《启动计划》就是用她自己的话来讲述她的内容营销故事。

第八章 今天：一切的开始

《启动计划》

在过去的几年里，克利夫兰诊所已经用内容营销创造了巨额收入。我们之所以开始内容营销，其实是因为早在4年前，我们的合作伙伴要付费购买我们的内容放在他们的网站上。

这种收入仍然是我们重要的收入来源。但在2016年，由于我们的受众人数大幅度增加，我们在健康必需品博客上与另一位为我们管理广告的出版商建立了合作关系。在与合作伙伴签订合同之前，我们在网站上放置了谷歌广告并对此进行了测试，看看我们可以产生多少收入，以及我们是否需要一个全职人员来管理广告销售。

这项测试的风险其实很低，因为我们可以随时利用谷歌将其广告窗口关闭。我们没有设定固定的时间，所以这种尝试确实帮我们看清了问题的来龙去脉。

在我们进行这项测试的同时，也有很多合作伙伴告诉我们应当选择向其他公司销售广告位这条路，并提供了一些潜在广告客户的建议。

我们的团队非常专注于制作精彩内容为我们的健康消费者提供服务，我们没有专门的广告销售人员。

于是我们选择了自己投放谷歌广告位的方式,我们很好奇我们可以从中获得多少收入。

专注于内容变现是我们公司一个很大的变化。经过我们的测试,谷歌广告位确实产生了一定的收入,结果非常理想,但我们知道自己还可以挣到更多。因此,我们推出了一个完整的广告计划,并由此产生了大量的收入。

2017年,我们扩大了这种内容变现的模式,我们不仅会将其运用到消费者关注的博客上,还会将其运用到我们以医生为目标受众的博客上,今年我们将增加一倍的收入。

国内销售计划

如果你是一个品牌,过度地支持自己的广告客户其实是有一定风险的。我们必须遵从我们的广告政策,对于政策不允许的广告类别进行大量的尽职调查。如果你是一个学术医疗中心或者非营利组织,更应当如此。

为了保证我们的声誉、防止相关风险,我们与我们的法律团队和公关团队进行了多次对话,深入了解我们有哪些允许投放和不允许投放的广告。

第八章 今天：一切的开始

但这并没有改变我们的内容生产方法。内容的生产已经是我们的一项荣誉，内容的生产带动了内容营销工作，提升了我们公司的品牌知名度和国内声誉。内容生产仍然是我们的首要目标。

多年来，我们每天在消费者博客上发布三到五篇帖子。我们并不打算大幅增加数量和篇幅。我们希望坚持我们正在做的事情，但同时也要不断增加收入。我们相信我们可以通过我们认真的内容生产为我们的受众提供价值，坚持这一点至关重要。预先获得支持和后期宣传购买有非常大的不同。

成功要素

我们获取内容产生的收入，并将其重新投入到内容创造之中。这种模式使我们能够持续发展我们的受众规模，并给我们带来品牌知名度和公司美誉度，而品牌知名度和公司美誉度会进一步增加我们的收入。

这种模式对任何公司来说都有一定的风险。因为一旦你开始做这样的事情，并以一种从未想到的方式为公司带来收入，公司的其他人就会开始关注你，他们会开始问："我们怎样才能获得更多的收入？"

我们在这方面做得比较成功，因为我们采用的是定期更新的方式。我认为，作为一个品牌，内容为你带来收入的同时也会带来风险，你可能会变得贪婪，做一些违背了公司使命的事情来赚取更多收入。我们要确保不会发生这样的事情。

营销如何创造收入？当你开始像媒体公司一样运营公司的营销部门时，你会发现媒体公司赚钱的所有方式都可以为你的公司创造收入。我们现在正在研究线下会议、特别期刊以及其他我们没有尝试过的创收方式。为什么不呢？

如果不相信营销的作用，做到我们现在的成绩是不可能的。新的营销方式随时面临着风险，但我们仍然要理解新的营销模式，传达新的营销模式，证明我们始终坚持公司的使命，并且始终用内容服务于我们组织的最高利益。如果我们不能够第一时间在执行团队中树立这种信念，我们就无法取得成功。

回头看

当我们第一次开始与合作伙伴进行合作时，我们一起签订流量变现的合同。在不添加任何资源或开发更多内容的情况下，我们不断地增加流量和收入。简而言之，优秀的内容可以为任何品牌做出巨大贡献。

我们的所有努力给我们带来了好运，同时，我们的战略、方法、承诺以及持续为受众提供的优质内容也在每天给受众带来价值。**除非你做对了这些事情，否则你无法通过内容创造收入。**

发展计划

收购［外部网站资产］并未成为我们计划的一部分。但是，我们想说的是，展望未来，我们仍会继续像媒体、像出版商一样思考，坚持自己的风格和品牌战略。我们将会制作更多的属于自己的数字内容、数字资产，去创造更多的收入和机会。所以这是一项非常具有探索意义的工作。这项工作需要我们遵循自己的原则去制作和发布内容，去真正地了解哪些是有效果的内容，哪些不是；这项工作需要我们利用合作伙伴带来的数据，加入自己的分析，真正地让数据产生价值。

我们的合作伙伴们不仅仅是销售广告的公司，它们本身就是出版商，所以它们为我们提供了很多有价值的资源，可以帮助我们决定我们需要在网站上做出哪些改进，在哪里创建更多内容，或者如何建立自己的数字资产。我们需要持续地向他们学习，不断促进自己公司的发展。

我跟公司领导层开展的最有意思的对话之一就是我们关于内容业务的想法，也就是内容和营销部门必须考虑的角色问题。

无论我们所做的事情是大是小，公司中都需要有了解内容价值与风险的人，只有这些人才可能把内容视为整个公司的资产。想要朝这个方向发展的企业必须建立正确的决策过程，并清楚地了解他们该如何利用内容推进业务的发展。

给企业的建议

企业需要找到一种方法来测试内容营销的效果。找到一种方法来进行案例研究或试点计划。找到一个低风险的切入点并试着做一些事情，并用测试的结果来确定它是否是企业正确的选择。请询问你公司的利益相关者。请与你的受众一起进行内容测试并查看结果，因为如果没有反馈数据，多么具有洞察力的人也很难做出正确的决策。拥有这些反馈数据使我们能够大规模地实现内容变现这一目标并朝着该方向持续发展。

最小可行性受众

埃里克·莱斯在《精益创业》一书中谈到了最小可行性产品（MVP）的概念。根据莱斯的说法，最小可行性产品是一种"新产品的版本，在这种产品版本下，团队可以用最小的努力获取最大规模的受众群体"。

这个概念很简单：尽可能地构建成本最小的产品，看人们是否会为此付费，并使用客户反馈来继续迭代构建出更好的产品。

同样的概念也可以用于你的媒体营销模型。但在这种情况下，这个概念将变成最小可行性受众（MVA）。"复制博客"的创始人布赖恩·克拉克在2012年开始使用这个术语。布赖恩认为，"复制博客"的成功（它从未推出过失败的产品或服务）就是由于建立了最小可行性受众。

布赖恩说，最小可行性受众有三个组成条件：

1. 在这个受众数量下，你可以收到受众通过评论、电子邮件、社交网络、社交媒体或新闻网站提供的足够多的反馈，以便你调整和发展自己的内容，更好地为受众服务。

2. 在这个受众数量下，现有的受众可以在社交媒体上分享你的内容，你有机会不断发展自己的受众群体。

3. 在这个受众数量下，你可以深入了解受众群体的需要，不断解决他们的问题或满足他们的愿望，而不仅仅是一味地提供免费的内容。

一旦你构建了自己的最小可行性受众,你就可以开始测试和采用不同的盈利策略了。这里的挑战是,最小可行性受众不是一个确定的数字,因此设置一个数字对企业还是有帮助的。"社交媒体考官"的创始人迈克尔·斯特兹纳在创造收入之前拥有 1 万名订阅者。而对于马修·帕特里克的"游戏理论家"节目来说,这个数字是 50 万 YouTube 订阅用户。

你的核心粉丝群

你有没有向同事询问他们的博客、播客或者杂志的表现?几乎无一例外,他们口中的第一件事就是告诉你他们的受众规模的大小。

他们会谈论他们有多少订阅者,他们获得了多少网络流量,或者他们的总可交付受众是多少。

现在不要误会我的意思……这些数字都非常重要。我也喜欢把内容营销协会有大约 20 万名订阅者的事实告诉其他人。但我必须告诉自己,核心粉丝群对你内容的支持同样重要,核心粉丝群的重要性一点也不亚于总订阅人数。

换句话说,你拥有的是真正的粉丝,还是只是一堆粉丝名单?

索曼·柴纳尼以其儿童图书系列《善恶学校》而闻名于世。

该系列的第一本书已售出超过 150 万册,被翻译成 25 种语言,很快也将被拍成一部重要的电影。

在谈到这本书的推出时,索曼说:"我写《善恶学校》的最大目标——也是它取得成功的方法——就是不让大多数读者成为沉默的人,而是找到最热情的读者……直到今天,我仍然每天花一小时与读者互动。"

对于索曼来说,这些核心粉丝成了他卖出 100 多万本书以及以后电影大卖的粉丝基础,这样做的效果非常好。

我们是否能停止关注总订阅人数的多少,而开始关注具体的问题,比如到底是谁关注了我们?

在采访艾睿电子的维克托·高时,我们发现了同样的事情。当大的电子媒体和大型出版公司都专注于订阅人群总数的大小时,维克托·高却认为向那些核心受众和细分市场提供最好的内容才是最重要的。

这可能是我和罗伯特发现的营销人员常犯的一个最大的错误:营销人员总是关注总的订阅数,却总是忘记专注于培育自己的核心受众群体,并用精彩而持续的内容来影响这些核心粉丝,从而将这些受众从参与变为喜欢。

先建立商业模式,再实现多样化

一旦我们开始构建订阅者,我们就应该开始我们的测试。

简而言之就是，普通订阅者和参与你内容互动的订阅者之间有什么区别？

他们是否购买了产品？他们是否多次购买产品？作为客户他们会待更长时间吗？

他们是怎样改变自己的行为的？

根据咨询公司 SiriusDecisions 在 2015 年做的买家调查，潜在客户在购买前会和供应商进行 2 到 12 次的互动，产品的价格越高，互动的次数就越多。这意味着，为了让客户更加信任和喜欢我们，我们需要更多基于内容的互动。

根据内容营销协会内部的公司数据，与订阅有关的一个神奇的数字是 3。这意味着我们最忠实的客户，即直接从我们这里购买产品的客户，通常会订阅内容营销协会至少 3 种不同的内容。阅读我们的博客内容后，这些读者可能会先订阅我们的电子邮件简报；然后，他们还可能会报名参加我们的网络研讨会；再之后，他们还可能订阅我们的《首席内容官》杂志并订阅我们的营销播客。

根据营销咨询公司 Topo 的说法，个性化的客户互动需要我们在销售、营销和客户服务之间进行 20 多次的内容接触。这就是艾睿电子的商业模式运作良好的原因。一旦我们在一个平台上实现了最小可行性受众的规模，我们就需要开发更多内容平台来吸引更多的客户。这就是像"复制博客"这样的公司没有停留在博客平台上的原因。在"复制博客"的案例中，该公司还增加了一个播客平台和一个现场活动平台（还有一些其他活动）。索尼针对摄影师的"阿尔法宇宙"平台也是如此，它以一个简单的博客起步，之后又添加了一个培训计划平台和一个播客平台。

开展计划要像经营电视台

营销专家、作家和演说家杰伊·巴尔认为，开展计划的关键是要像经营电视台一样进行思考。杰伊·巴尔称，尤其是谈到社交媒体时，营销人员总认为这只是一件事。

"把社交媒体看作一回事几乎毫无意义，因为各个社交媒体平台的受众、习惯、技术、算法、节奏和其他特点的差异非常大，"杰伊·巴尔表示。

这意味着，在我们建立最小可行性受众之后，我们就需要像经营电视台和媒体公司那样——了解我们的经营目标、特定受众、考察方法、出版速度和系列品牌（见图8.1）。

> **案例：Yeti 的 YouTube 频道策略**
>
> 户外产品制造商 Yeti（最早是制造冷藏箱的企业），使用内容策略来完善其 YouTube 频道。当然，Yeti 也会在其频道上发布介绍新产品的视频。但不同

目标（1）	期望的结果	期望的结果	期望的结果	期望的结果	期望的结果
具体目的（2）	可考察行动	可考察行动	可考察行动	可考察行动	可考察行动
受众（1-2）	你在跟谁互动	你在跟谁互动	你在跟谁互动	你在跟谁互动	你在跟谁互动
考察（1-3）	你怎么知道它是否在起作用	你怎么知道它是否在起作用	你怎么知道它是否在起作用	你怎么知道它是否在起作用	你怎么知道它是否在起作用
节奏	每周期望发布条数	每周期望发布条数	每周期望发布条数	每周期望发布条数	每周期望发布条数
节目（2）	你的持续而优质的内容计划	你的持续而优质的内容计划	你的持续而优质的内容计划	你的持续而优质的内容计划	你的持续而优质的内容计划

图 8.1 杰伊·巴尔认为，品牌需要像电视台主管一样关注社交媒体的规划

的是，它开发了很多具有特定受众的栏目，包括：

- 持续话题：父爱的故事（#我家老爸）
- 独立节目：猎人和渔民
- 系列节目：重点介绍冒险家和各个国家的精彩内容

"三脚凳"战略

当我 20 年前开始从事出版行业时，我们使用一种

第八章 今天：一切的开始

被称为"三脚凳"的过时出版策略。其概念是，为了成为行业领先的资源和内容提供商，我们首先需要成为专业的信息提供者。为我们的目标受众提供线上信息、纸质信息和线下活动信息，被称为凳子的三条腿。

有趣的是，这种策略重新焕发生机并已成为当今涉及内容产品的媒体公司的核心策略。过去，一些媒体公司从线下活动或杂志的分发做起，逐步扩张到其他领域。今天的三条腿也很简单，第一条腿是构建线上受众群体，第二条腿是组织线下活动，第三条腿就是印刷分发纸质内容。

为什么"三脚凳"如此重要？因为我们在大多数企业中看到的是，当我们在产品和服务之外开辟多个渠道，与客户进行更多更好的沟通时，受众通常会成为优质客户。

在数字内容的基础上加上纸质内容和线下活动

我们都在实践以体验为基础的商业模式。通过创造有价值的一致的内容，我们创造了这些商业体验。虽然大多数竞争对手只专注于数字内容的体验，但精明的品牌看到了线下的机会。

现在，我希望你考虑一下上文谈及的几个最佳内容营销示例：红牛、乐高、万豪酒店。你知道它们有

> 什么共同点吗？你猜对了……它们都拥有世界级的纸质印刷杂志和惊人的线下活动体验。
>
> 当然，不仅仅是印刷杂志和线下活动，我们还有很多渠道可以与受众沟通。但是由于过去20年大家习惯了线上活动，很多营销人士忘记了线下渠道。
>
> 今天，值得信赖的内容提供商都需要关注"三脚凳"战略：线上内容、印刷版内容和线下活动。如果你的营销策略遇到困难，很可能是忘记了其中的一条腿。

买入的两种方法

在第十章中，罗伯特将详细为大家解释如何进入这种商业模式。但在这之前，我还要谈论两件重要的事。那就是在我的市场营销经历中，我发现了两种关于新式内容营销买入的好方法。

试点

众所周知，在电视节目正式发行之前，会有一些试播内容。试播就是对即将播出的节目进行民意调查，为网络管理人员提供足够多的消费者反馈，让他们了解是否应该制作更多的剧集。

当你打算构建自己的最小可行性受众时，如果你把你的计划作为试点内容，你会立即看到关键决策者放松了警惕。对于营销来说，试点模式还不是一个全面的商业模式的变革。但是当你推出试点内容时，一定要记得包括以下内容：

- 试点的时间：应该至少 12 个月。
- 试点的总体目标，或推出试点内容后业务会有哪些不同。
- 业务指标：如果你点击试点内容，它应该能够把你引向"更多剧集"。这就代表着潜在客户的增加、订阅的增加、内容"品质"的提升。

恐惧

当一切都失败后，恐惧可能比为自己辩护要好。如果你向竞争对手展示了如何利用媒体来发挥自己的优势，避免自己的劣势，你当然能引起别人的注意。

出于恐惧心理，你肯定会在竞争中对自己的对手预先做一些研究。找到你所在领域的领先营销商并确定：

- 它的内容有多少订阅者（电子邮件、脸书、推特等）？
- 它在关键词搜索方面排名如何？
- 它在社交分享方面如何？

> ■ 该公司的网络声誉是否正面？
> ■ 它有哪些招聘活动？（它是否吸引了最优秀的人才？）

该策略的关键是可以确定对关键决策者而言至关重要的内容，也可以看清楚竞争对手如何使用策略让你公司（和你公司的内容）暴露。

自建还是收购？

2014年，我和世界上最大的消费品生产商之一参加了一次营销会议，讨论的重点是通过各种市场的内容来构建受众。在一些市场中，该公司已经构建了一个坚实的内容平台。在其他地方，该公司还没有任何东西。

正在讨论的计划是一个多重属性的收购战略，该公司已经接洽过被收购公司，制定条款后，就可以收购这些已经拥有固定受众的内容博客和媒体资产。

有时自建有意义，有时则是收购有意义。

加快流程

博客网站和媒体公司有两件我们想要和需要的东西。

第一是讲故事的能力。它们拥有人员，并具备一定流程，可以在一致性原则的基础上制作出令人惊叹的内容。

第二，也许更重要的是，博客网站和媒体公司都有内置的受众群体。

自第一家媒体公司诞生以来，并购一直在发生，但非媒体公司最近也开始涉足收购媒体公司这一领域。当 JPG 杂志停业时，摄影用品商店 Adorama 将其收购重组。收购后，该集团不仅可以访问 JPG 的平台和内容，还可以访问 JPG 的 30 万订阅用户（这也恰好是 Adorama 的潜在客户）。你可能还记得，艾睿电子在 2015 年至 2016 年间花费了数百万美元购买了 51 个媒体资产。

获取内容平台的过程

内容营销协会购买了多个属性不同的机构添加到自家平台，其中包括一个名为"智能内容会议"的西海岸会议和一个被称为"内容营销奖"的奖励计划。我们决定购买这些平台，是因为这样会比从头创建它们更有竞争力，且更有意义。最重要的是，内容营销协会于 2016 年出售给了英国的传媒巨头联合商业媒体公司，后者决定在内容营销领域通过直接收购获得一个平台，而不是自己从头建立一个平台。

在我之前的书《兴趣变现》中，我详细介绍了在购买外部平台时所需的步骤。以下是一个快速回顾：

第1步：确定你的目标

与任何好的商业决策一样，你首先要确定拟收购的内容平台存在的意义。你的商业目标可能包括：

- 由于地理的限制，你的公司可能没办法与客户开展一对一的交流，但你的最终目标是吸引更多客户进行交叉销售、追加销售并降低该地区的客户流失率。
- 将你的品牌植入你熟悉的领域之中。假设你生产某种类型的钢材，你需要有了解石油和天然气行业的相关智慧。这样的话，如果你创建较小的石油和天然气博客网站或相关活动就是说得通的，因为你说的话在行业里是可靠的。
- 完成订阅目标。最有可能的是，你使用的平台会为你提供其平台受众群体，以便为你培育、发展客户，或者对他们进行交叉销售。
- 购买内容资产，优化相关搜索引擎，与平台共享利益。
- 招揽人才。例如，CNN于2016年11月以2 500万美元的价格购买了YouTube明星凯西·尼斯塔特的视频应用Beme，其目的就是为了挖人才，而不是想要该平台本身。

第2步：明确识别受众

为了做好这项工作，你需要清楚地了解你想要填补的与受众之间的鸿沟。例如，内容营销协会的杂志《首席内容官》是针对大型组织的高级营销人员的。我们的线下活动"内容营销世界"是针对中型市场和大型企业的营销、公关、社交媒体、SEO经理和企业管理者的。

第3步：列出平台的简短列表

确定目标和受众后，请开始列出你想要收购的相关平台，以尽快实现目标。这一步的关键是要避免在此时设置限制。你可以直接从列表中列出线下活动、博客站点、媒体站点、关联站点或其他站点。

在制作列表时，将全部内容放入相关订户信息的电子表格中是非常方便的方法，例如：

- 公司创立日期
- 目前的订阅者数量
- 已知收入来源（列出每个来源）
- 所有权结构（例如，独立博客或媒体公司）

对于线下会议或贸易展览，以下是我们在收购时要考虑的资产列表：

- 参加人数（过去两年）与增长（或亏损）的百分比
- 参展商数量（过去两年）增长（或亏损）的百分比
- 媒体合作伙伴的数量（过去两年）
- 一般区域位置
- 注册费（价目表）
- 选取框值（这一点是看该平台有没有占领细分市场，如果能有5分就足够）
- 创建一个围绕线下活动的媒体平台的可能性（同样，有5分就足够）。这里的重点是，有没有可能把该平台打造成具有线下活动、线上内容的全功能媒体平台。

第4步：寻找最佳机会

这里我推荐两种方法，我发现它们都有效。第一就是你可以直接联系你最中意的选择，看能谈到什么程度。这样做的问题就是你把所有鸡蛋都放在了一个篮子里。第二就是一次性接近你的前三个选择，并表达你的意图（你有兴趣购买他们的网站、线下活动等）。

你有可能收到惊喜的答复。一些运营商可能永远想不到有人要收购它们。而其他公司（一般是具有媒体背景的公司）从开始创立就是准备被收购的，它们已经准备了自己的退出策略。

此时的关键就是尽可能多地与他们进行讨论，了解他们的兴趣所在。这么做最坏的情况也不过是卖家不感兴趣，而且可能通过第一次联系，你们之间的关系可能还会更紧密。好的结果简单来说就是，你可以在第一时间知道他们主意的转变，如果他们改变主意，那么你就是第一个知道的人。

第5步：确定购买价值

对于较小的线上平台和普通的线下活动，通常有一个衡量标准（这个我们稍后说），但更为关键的是：你得弄清楚所有者想要什么。你的工作是找出平台所有者的目标和愿望。也许不只是价格（尽管这不太可能）。也许所有者正在寻找新的机会，或者他迫切希望退出当前的业务（许多博客网站所有者或线下活动所有者从未想过会有大企业收购他们）。

例如，艾睿电子想要收购数字平台，而联合商业媒体公司想要收购线下活动。它们签署了一项协议，收购之后艾睿电子获得平台的所有权，而联合商业媒体公司拥有线下活动举办权。这就是它们所做的一切，交易完成了。

正如我所说，对于较小的线上平台和普通的线下活动，存在适当的评估流程。为此，你需要签署一份互保协议。

你至少要求他们出具前两年的业务损益表。你可能还需要调查当前公司持有的其他合同的文档，以确认其损益表可以得到验证（重要提示：法律细节可能有很大的差异，因此在你收购之前请先咨询你的法律代表）。

对于网站购买，有些交易是基于订阅用户总数，而有些是基于网站净利润。在我个人经历的一个例子中，有些媒体收购协议是按照每位订阅用户1美元的价格进行收购的。有些是按照网站年收益的5倍价格进行收购的，两年内支付。较小的线下会议通常约为年净利润的5倍（例如，如果线下会议的年利润为10万美元，你将为此收购支付50万美元）。

我们以一个小型会议为例：

> 与会者：250
>
> 参展商：20
>
> 收入：40万美元
>
> 费用：30万美元
>
> 净利润：10万美元
>
> 业务的一般价值：10万美元×5＝50万美元

尽管还有更多细节，但该线下会议一般估值约为50万美元。

第6步：提出要约

在你提出正式报价之前，你需要确保你的价格在合理的范围内，并且所有者同意你的条款。如果你想达成协议，那么你需要与会议所有者签署正式的意向书（LOI）。意向书基本上意味着双方同意继续谈话并将关系带到下一阶段。这相当于商业收购中的订婚——虽然它本身并不是一种有法律意义或法律约束力的行为，但它可以作为你公司的官方声明（注意：请参考专业 LOI 法律代表的意见）。

第 7 步：最终谈判

现在，在你签署任何内容之前，请最后考虑以下问题：

- 需要哪些电子邮件和打印列表？
- 该公司有哪些资产？视频，博客帖子，还是其他什么？有无必要对该公司的资产进行全面审计？
- 该公司使用的社交渠道是什么？
- 谁是我们应该联系的这个领域的行业领军者？索取联系方式（如果需要的话）。
- 该公司与哪些供应商合作？它会推荐哪个供应商？
- 内容创作者是公司员工还是雇用的自由职业者？

在接下来的 30 到 60 天内，你将制定正式的资产购买协议并审核所有文档，以确保所有事实、数据和讨论都是准确而可验证的。完成这一步就可以签订合同，然后打开香槟庆祝了。

公司估值和更好地利用现金

就在本书出版前的几个月,我曾与来自财富 100 强公司的两名营销主管进行了一次长谈。我们的谈话围绕着国内通过收购媒体公司实现内容营销转型的商业案例。

这两位高管都是他们所在公司内容营销方面的领军人物,但他们很难解释为什么他们的公司会不断地考虑购买媒体公司。

为什么收购媒体公司?当然是因为这样可以更好地利用现金并提高公司估值了。

我发现这两家公司的共同点就是都有着充沛的现金流,两家公司都手握现金寻找好的投资机会。我跟这两位高管讲述了艾睿电子的故事,以及艾睿电子在收购 51 个媒体品牌后整体估值大涨的事实——收购媒体资产对公司来说是非常有利的。即使媒体公司的估值是其年盈利的 5 到 6 倍,将现金投入媒体资产也是一项明智的财务决策,这还是在没有考虑媒体公司为公司带来"营销"价值的情况下。

因此,如果你想要以"买入"媒体公司的方式实现营销模式的转变,那么你大可以好好利用手中的现金资源,克服内心的恐惧,果断实行收购媒体公司的模式和试点项目。

第八章 今天：一切的开始

如果你想大步向前，请不要浅尝辄止

《大联盟》是我最喜欢的电影之一。这是一部讲美国克利夫兰印第安人棒球队在季后赛应对各种困难的励志电影。

在影片中，印第安人棒球队的经理卢·布朗对他的团队说："媒体似乎认为，我们的球队出去投球参赛，是在浪费他们的时间，给他们平添麻烦。"

卢·布朗真是一位激励大师。

但这与内容营销协会和"市场证明"联合发布的研究成果有什么关系吗？

具体来说，是"浪费他们的时间，给他们平添麻烦"这一句和我们的研究有关。

你看，2017年研究成果的一大亮点是我们对内容营销投入程度的调查。从调查结果来看，全球各地企业的营销人员中，只有20%的人表示他们"完全致力于"内容营销。

这个数字非常重要，正是这20%最具战略性、最成熟、最成功的内容营销人士带来了他们企业内容营销方面的成功。

你可能会问其他80%没有完全投入的人在做什么。数据显示，直白地说，他们就是在"浪费每个人的时间"。

你可以采用内容营销的模式与方法，也可以不这样做。如果你坚持这种模式，随着时间的推移，你可能会取得成功。但如果你不坚持这种模式,那你无论如何也不会成功。(大多数营销人员回答"部分投入"内容营销,部分投入有什么意义呢?内容营销其实就像怀孕一样,你要么怀孕了要么没怀孕,"部分怀孕"是什么意思呢?)

所以,如果你完全致力于内容营销,那就太好了,尽管大步向前走。

如果你不打算完全投入其中,而你仍然在创建博客、播客、白皮书、电子书等内容,那么你最好要考虑一下了,这么做可能不会取得任何成果。

引用我最喜欢的另一部电影《肖申克的救赎》中的一句话:"生命是一种简单的选择,要么忙着生,要么忙着死。"并不是说营销就代表着生死,但相信你会明白我的意思。

全力投入内容营销,或者完全不投入。浅尝辄止者不应该参加这场游戏。

可能发生的最糟糕的事是什么?

2017年1月,我为一家制造公司的营销人员组织了一个研讨会。他们都以某种方式创造内容,主要是博客文章、白皮书、电子书以及一个正在制作的视频系列。

但是没有人出来制定正式的营销战略。每个营销计划都要产生效果,并实现商业获利……主要是通过电话销售。实际上,这样做的效果可以预测，那就是行不通。

那么让我们谈谈风险的问题。所有这些非常聪明的人都会因执行而冒很大的风险，但他们实际上没有意识到任何风险，因为他们没有计划。这让我想到了投资者和股票市场。仅仅通过提示或阅读文章，投资者就在毫无计划的情况下冒险进入投资世界进行交易。

我明白了……对他们来说，计划很无聊，所有的乐趣都在执行中。是的，但所有的风险也都在执行之中。

那么我们如何降低风险呢？这里有一个合理的计划，以及一个可实现的强大商业案例。那就是从第一个受众开始，关注一个内容方向，随着时间的推移逐渐构建自己的特定受众群体。这就是每个成功的媒体公司和内容营销案例的开始。

我们知道这一点，但没有人这样做。我们寻找快速解决方案，并最终把时间花在对世界几乎没有影响的内容上。

你的公司现在有多少人在没有计划的情况下创建内容。如果没有真正的营销战略，你公司的所有人就会创建越来越多的无用的内容。

我们姑且说，其实最坏的情况，也不过是你从本书中学到的东西不起作用。在这种情况下，你仍然能获得创建各种形式的内容的方法，并能学到创造有价值内容的流程。这其实是你学完这本书的知识之后可能发生的最糟糕的事情。

但好的情况就是，你可能改变这个世界。你将采取与世界上几乎所有公司都不同的行动方案。

也许，它值得你冒一次险。

> **干货观点**
>
> ◆ 与客户进行更有价值的交流会带来更多的购买行为。这就是为什么明智的品牌会提供多种内容订阅选项。
>
> ◆ 在目标受众聚集到线上平台之后，还要考虑使用线下平台，例如线下活动或纸质杂志的发行。
>
> ◆ 未来5到10年，我们将看到一个大趋势，更多的公司将会收购传媒公司、有影响力的自媒体和有影响力的网站。

第九章　现在怎么办：转型中学到的经验

转型的字面意思是超越你的现有形式。

——韦恩·戴尔

有时候我们不知道哪里会比我们想象的更好。

——安·帕切特《现在怎么办？》

现在要说点什么呢？看完第八章，你决定要加入内容营销的行列了。但是我们真的能实现营销的转型吗？

坦率地讲，营销部门的完全转型，是不会很容易就能实现的。这中间会有很多很多人向你咨询需要处理的细节，以及需要遵循的商业规律。

在很多情况下，转型都会从"商业案例"或者"路线图"开始。一开会通常会有一个很棒的愿景声明，其次是转型目的，然后是新的组织结构图、战略计划、预算和工作中的优先级变化，等等。

需要明确的一点是——这些都很重要。但更为重要的是，仅仅完成这些工作，并不意味着结果就是好的。任何转型的实质是随后的实际工作。如果我们真的相信改变几个愿景就能彻底改变我们的战略的话，那我们可能就想得太简单了。真正的转型会改变我们的一切，我们销售、服务、留住客户的方式，组织公共关系的方式，甚至我们产品研发的方式。

正如我们经常说的那样，从很多角度来看，在拥有150年历史的企业中杀死传统营销和在硅谷的初创企业中杀死传统营销，是非常不同的。这种转型可能不会快速地完成，也许一家企业最终在跨越区域乃至全球战略的指导下，经过多年的项目积累才能完成。

但是，我们在这些不同的公司中也看到，尽管它们的转型路径不同，但它们都在成功地进行这种转变。它们愿意尝试。它们已经认识到，传统的营销是不够的，如果企业要蓬勃发展，必须从根本上做出改变。

考虑以下三个非常不同的例子。

美国鞋业销售网站 Zappos

正如我们在前面的章节中所讨论的那样，Zappos 已经构建了一个完整的创收营销平台——"Zappos 见解"。但它并没有止步于此，而是不断开发新的"产品"以服务于新业务的营销功能。在这次采访中，来自 Zappos 的克里斯塔·福莱告诉我们 Zappos 营销人员面临的一些挑战。

提问：你如何看待开发新的创新性的客户和内容计划？

克里斯塔：我们正在考虑采取两项重大举措。第一项，也是让我真的很兴奋的一点，我们在几个关键领域针对客户在领导层面安排了多名高管，他们作为最具体的人力资源，围绕企业文化为客户提供服务。现在，因为这些客户想要听到我们的消息，我们正在推出我们称之为"良师益友"的计划。

我们的首席执行官托尼将成为导师之一。对于客户来说，这是一个与我们的专家打电话或视频通话的机会。或者说，它也是一个持续的计划——例如在六个月内与托尼进行五次通话。客户可以询问导师任何事情。

我们希望推出的第二项举措实际上是回到了"Zappos 见解"最初的重点。我们希望将我们的会员方案升级为数字培训方案，并为我们的会员网站提供完整的课程和附加内容。我们专注于解决那些无法来到这里的人的问题，为那些参加活动的人继续坚持我们正在做的事情，告诉他们我们如何思考以及我们曾经的成功和失败。

提问：在 Zappos 这样大的公司中，你如何处理扩展所有这些方案？

克里斯塔：是这样的，当每个人在 Zappos 中都有不同的工作时，项目扩展就成了一项挑战。但我们总是非常关注服务，如果其他公司以我们的方式看待文化和服务，我们就会很喜欢它。很高兴我们的人力资源部门负责人霍莉·德莱尼做到了服务优先，我们的客户忠诚度团队负责人罗伯·西弗克也是如此。并且，我们已经构建了一个灵活的机制，专注于"如果它不会造成伤害，那就试试吧"。所以，我们将在未来启动它，如果它成功了，霍莉就不用每周再打 20 个小时的电话了，然后我们可以重温这个机制并不断问我们自己："好，我们如何扩展它？还有什么是可实现的？"这些都是值得欢迎的问题。

提问：现如今形势变化很快，会有新的竞争对手采用新的运营模式。Zappos 如何跟上当今业务的发展速度？

克里斯塔：我们已经看到了统计数据，即 1955 年的财富 500 强只有 12％的公司至今尚存，而托尼一直在说我们 Zappos 的最终目标是成为一家百年老店。但是，这可能意味着，当用户想到 Zappos 时，他们会想到与鞋子不同的东西。也许他们会考虑航空公司服务或其他产品线，等等。托尼经常使用维珍的例子来说明一些问题。多年来，它的业务不断多元化。因此，公司中每个人的想法都应当具有弹性。未来，如果有人创造了除鞋子之外的其他东西，并且公司所有人都同意转变，也是可以的。不是说公司唯一的解决方案就是鞋子。这样只会让你陷入困境。因此，营销除了关注"如何"开展业务外，还需要关注"为什么"开展业务的问题。

因此，我对其他部门的建议确实是"如果它不会造成伤害，那就试试吧"。我认为，不顾公司情形，同时进入许多不同的业务，这是一个陷阱。但你不必拥有完美的计划，也不必考虑如何在三年内实现这一目标。我们只需要看看客户在做什么，并问自己，这是我们可以为客户增加更多价值的东西吗？这些机会其实存在于你的公司内。

施耐德电气

施耐德能源大学只是施耐德电气公司长期转型之旅中的一站。在施耐德成为全球化公司之前，这个过程无疑需要数年时间。但苏珊·哈特曼分享了与我们从克里斯塔和 Zappos 那里听到的一些类似的建议。

提问：你是否经常改变或发展能源大学的战略，你是如何确定优先顺序的？

苏珊：我们确实有志于关注和改进能源大学，并将其升级到今天的样子。因此，我们尝试做的最重要的事情是弄清楚我们如何做更多的移动交付，并仍然能够获取学生的数据。我们希望学生能够通过手机或 iPad 进行课程学习，这意味着我们不仅可以更改界面，还可以更改内容。我们需要简易版本的内容，这尤其适用于入门人员，因为他们并不总是听完 40 分钟的课程。

有趣的是，我们没有做的事情之一就是为这个程序添加线下会议和收入流。我们想过这样做，但最终我们决定，这二者都不是我们想继续做的。当我们在程序上加上价格标签时，我们发现使用率下降了近一半。所以我们决定，我们最好消除任何收费标签，因为这样可以更好地满足整体目标客户。

提问：你如何管理能源大学这样一个庞大的机构？

苏珊：我们面临的最大挑战之一就是扩展这个项目，我在能源大学的前五年里一直在讨论这个项目是什么，它能做什么，以及它是如何体现价值的。那时候我在世界各地都做过这件事。而且，我们进行了小额投资来翻译课程以使其在各国都有一定的影响力，并逐年将其纳入预算周期。我们开设了包含 5 种语言的 3 门课程。现在，我们有数百个课程，我们现在在使用 14 种语言。

此外，我们所做的最重要的事情之一是同与我们的受众相关联的顶级专业机构合作。因此，如果你是工程师、医疗保健专业人员甚至是酒店从业人员，你也可以加入我们的学习计划。这些机构从业人员中的许多人没有预算或资源来支撑这种学习计划，他们对一个品牌是否有教育资质也存在疑问。因此，我们与这些团队密切合作来开发内容。你必须提交案例，并向他们做出合理的解释。你必须围绕你的课程开发和所有教师的背景展开讨论。但是，一旦这些专业机构收购了我们，对我们来说也是很大的成就。

提问：在业务压力如此巨大的当下，你是如何长期维持这个项目的，它的转变速度有多快？

苏珊：关键是要从领导层面获得高管的支持。我们的首席营销官认为这是我们吸引大量受众的一种方式。教育对我们来说非常容易分享，我们会通过教育人们创造品牌知名度，然后将这些受众群体转化为数以百万计的潜在线索来获得一定的收益。

最大的转变是你必须有你的主题专家，在我们这里是科学家，因为这意味着他们必须花费相当多的时间来回答问题，帮助开发课程，审查课程，关注考试以及其他与在线大学运作相关的一切。

而关键是我们可以灵活地尝试一些我们不知道是否会起作用的事情。我以为，当我第一次开始推销它时，没有人真正理解我，我们也不知道它是否有用。我记得在我们创建数据中心大学的前6个月里，突然有成千上万的人自然而然地发现了我们这个程序，甚至不介意将它推广给任何人。我们很惊讶。你知道，这就像"创建好的内容，受众自然会来"那句话一样鼓舞人心。

然后，当我们启动能源大学时，这个项目的内容真的发生了变化。不断前进和真正扩展是一个更大的挑战，因为现在我们不得不借用其他部门的人员，并创建新的团队来实现这一目标。

但正是尝试这种意愿才真正实现了它。

健身品牌 LIFE TIME FITNESS

皮拉尔·吉拉斯莫是公司杂志《体验人生》的创始编辑，虽然现在她不再是该公司的员工，但她继续跟该杂志合作并撰写专栏。她分享了她对公司营销平台发展的一些经验、建议和想法。

提问：你是如何平衡《体验生活》杂志的创作、传统营销的需求以及赚钱这三者的？

皮拉尔：我首先要说的是，即使该杂志是由公司发行，我想很多人都能感受到并认为这是值得的。但毫无疑问，这是公司一笔巨大的成本。从一开始，它每年要花费数百万美元，但是收支始终没有达到平衡——我们的广告收入赶不上我们的全部投入。

但收益随着时间的推移而不断增长，即使首席执行官对该杂志有信心，我也希望公司可以尽快将其转化为盈利能力。我知道如果我们继续被视为成本负担，那么我们为了创新可利用的资源会非常有限。我还担心如果人们不需要为杂志买单，我们就无法把控读者的质量。随着公司开设新的俱乐部，我们将获得大量读者，但随后我们发布印刷版，生产和分销成本也会上升。

我能预见到，首先，随着时间的推移，我们将继续花费公司越来越多的钱。其次，杂志的篇幅也越来越大，从 70 页、80 页到 90 页，并被发送到世界各地，但我们却不知道阅读它们的读者是否足够重视。它们会像垃圾一样被扔进回收站吗？或者说，这些受众是否真正重视它们？因此，"我们可以为这本杂志买单吗？"的想法在读者中开始出现了。我们要谨慎一点，因为有些人既担心我们会失去这么多读者，也担心我们会失去广告费。

因此，我们决定保留现有的所有成员。新会员可以免费试用印刷版杂志，然后可以选择继续接受和支付，同时不接受免费在线访问。最有趣的是，我们实际上设计了一个退出的否定选项，当然这在杂志世界中是非常有争议的。我们相信我们设计它的方式，其目的是非常清晰的，就是为了方便读者选择退出，这反映了我们与受众签订的契约的性质，这对我们和对他们来说都是最好的选择。我们相信他们愿意为杂志付费，如果没有了这本杂志，他们会很生气。

我们几乎没有收到负面反馈。绝大多数人选择接受杂志并付钱——这完全改变了杂志的商业模式。自从我们推出这本杂志以来，接受率一直高达85%到90%。

提问：你如何以一种能够使其盈利的方式扩展该杂志？

皮拉尔：我们从杂志中获得收入的方式是通过延长会员收费，这有助于我们非常轻松地获得收益。

多年来，我们确实很好地扩展了这一部分。我们添加了自动付款、自动续订，这确实帮助我们节省了通常的订阅和用户留存成本，虽然说这在其他杂志中也很常见。

而且，一旦我们有了付费用户，很容易证明这本杂志具有零售价值。因此，将杂志放在报摊上售卖并不是一件困难的事，这也是我们成功很重要的一部分。

作为一个消费者，你不会选择和支付看起来像营销目录的东西，更不愿意订阅它。因此，我们对质量十分关注，遵循商业杂志的模式也是我们扩大影响范围的关键因素。

提问：在快速变化的营销环境下，你如何设法让这个项目持续这么长时间？

皮拉尔：在为该杂志创建商业案例时，我提出的一个主要论点是，在过去的10年或15年中，受众群体变得比以前更加复杂。其中一些确实与互联网的兴起有关。有一本名为《线车宣言》的书在 20 世纪 90 年代后期非常受欢迎，它详细描述了受众对企业营销人员的失望，因为营销人员只是用产品的特征和好处来向他们推销，并且对消费者不停地劝说，期望他们购买。随着人们越来越多地上网并互相交谈，他们开始嘲笑企业这种自我夸大的营销方式。营销人员经常与受众交谈，好像受众很愚蠢似的。我认为书中所讲的人们对营销人员的失望是真实的，从那时起，我才真正知道如何在 Life Time Fitness 公司工作。我带给公司的一种价值观是，我是一个局外人，我常常提出一些人们不熟悉的观点，这在某些情况下会让其他人感觉不舒服。但是，他们倾听了我的意见并且愿意改变。而且，有时当我说话时，人们会认识到事实的真相。为我们所服务的消费者增加价值的论点很难否认，因为我们都有做消费者的经历。我会毫不客气地指出"这听起来很虚伪，很不真实，那听起来很做作，很愚蠢，很肤浅"，任何不真实的努力都难以解决消费者的真正需求。这样做甚至会让消费者充满怨恨和敌意。而且，作为一个专注于会员健康的品牌，我们必须创造一个不仅不被怨恨，而且还深受消费者喜爱的品牌。

公司听从了我的意见，他们信任我们并且让我们尝试一下。我开始做这本杂志之后，它就以精彩的内容与观众联系起来。我们收到了很多读者的"情书"，其中许多人说，"谢谢你们与众不同"，"感谢你们解决了我的真正需求和问题"，"最终找到满足我需求的杂志真是令人宽慰"。我们公司的首席执行官也非常喜欢每天早上醒来听到读者赞美公司杂志的声音。

我很幸运,我有幸让首席执行官满意我所做的工作。但这并不意味着他和其他高管都没有继续严格要求这个项目,他们实际也做了很多鞭策的工作。

多年来,我也曾遇到过一些非常具体的挑战,以及将公司营销信息植入杂志内容的压力。他们会问,"可以在杂志中说一下我们要举办这个活动吗?你能写一下这个事情么?"或者,他们会建议,"我们发现了一个伟大的人物,你能对他做一个专访吗?"一直以来,我们都在努力关注内容营销的成功案例。我们会在杂志上邀请潜在竞争对手的专家发表意见,而不会使用 Life Time Fitness 公司内部"专家"的言论。

改变文化的关键在于简单地讲述常识,说明显而易见的事情,有时候这是一件非常不受欢迎的事情。但长期坚持下来,我们发现有一些数据可以表明这影响了我们受众的态度、信仰和价值观。然后,以真实准确的方式展现信息也非常重要,尤其是在你的用户告诉你,他们听到了你们公司的愿景之后开始认同你们的品牌时。

最后,内容营销真的要只聚焦于你的受众。

恪守公司价值观和保持灵活性

正如谁人乐队的歌曲《不再被愚弄》中的著名抒情歌词所说:"遇见的新老板,就像旧老板一样。"我们的老板其实一直是也将永远是我们的客户。我们在上面这三个采访中可以看到这一点。这三个例子中的老板都愿意灵活地采用新的营销商业模式。传统的"这不是我们开展业务的方式"受到新模式的挑战,新的想法不是以举办活动,而是以长期投资于为客户提供价值的新方式来尝试的。这是这种新媒体营销模式的关键,它与旧媒体公司的营销模式非常类似。正如我们之前所说的那样,我们可以引用菲利普·科特勒的那句名言:"创造,沟通并为利润提供价值。"

在我们的采访结束时,皮拉尔很好地总结了这一切。当她反思她用这个新的模式完成的所有事情时,她说:

> 我们只是有机会做一些传统媒体公司无法做到的事情。而且我仍然认为这是内容营销的最大机会。这真的只是内容创新。做传统媒体公司在当前商业模式下做不到或负担不起的事情,并利用你的机会满足未满足的需求,在说出真相的基础上与你的客户建立深厚的关系。

在许多方面,企业只承诺灵活地发展新的营销理念。但我们可以抛弃企业原有的价值观吗？我们是否可以将一切都颠倒过来？

我们几乎每天都会遇到类似的抉择。比如你会每天选择上班的路线，或者你会灵活地规划谷歌地图，并提出更优化的路线。如果你一直走一条费力的老路，你是否想要考虑一下其他机会？以及，你的企业是否会一直沿着当前旧策略走下去呢？

这个问题没有正确的答案，一方面，正如你在这些访谈中所读到的那样，任何极端都可能对你不利。在极端的哪一端，你都可能会错失机会。如果皮拉尔没有推动自己将其杂志发展为付费模式，那么她这本营销杂志很可能因成本增加而死掉。

另一方面，如果把灵活性变成随意摇摆，你也可能做不成多少事。克里斯塔本可以不断尝试新事物并随时退出，但出于对公司的承诺，她没有这样做。她的团队是屈指可数的可以坚持看到新事物发展本质的团队。

与此同时，恪守企业价值观和保持灵活性的任何一端也都可以成为一种美德。有时为了成功，我们必须坚持我们所承诺的价值观，甚至可以为此超越理智。正如哲学家威廉·詹姆斯曾经说过的那样："通常，我们的信仰在未经认证的结果中是唯一可以使结果成真的事物。"另外，有时为了成功，我们必须屈服于时事的变化。正如Salesforce.com首席执行官马克·贝尼奥夫所说："你必须始终能够预测接下来会发生什么，然后才能灵活地发展。"

公司选择是继续前进还是转向？它需要你诚实地看待你公司的优势、能力、习惯和弱点。一个恪守承诺的公司可能需要考虑灵活性。过于讲求灵活性而降低了生产力的公司可能需要恪守公司的一些承诺。

这种诚实对我们营销变革的推动者来说尤为重要。因为我们现在正在考虑以前从未做过的事情，所以我们随时都在决定是恪守价值观还是保持灵活性。我们正在寻找新的营销策略、新的收入来源，我们需要雇用和获取新的人才，甚至是培育新的商业文化。做出这些决定的洞察可能来自多个方面：数据、直觉、激情、信仰、哲学甚至是运气。我们有责任权衡承诺与灵活性，一遍又一遍。这是永远不会被人工智能或自动化取代的东西。这是我们作为商业战略家的艺术。

因为未来就在这里。

干货观点

◆ 对于杀死传统营销这一点，拥有150年历史的企业和新兴的硅谷初创企业完全不同。我们所看到的每家成功的新兴企业都有一个共同点，那就是愿意尝试。我们所看到的成功企业几乎都认识到了这一点，那就是：如今的营销还远远不够，要想企业蓬勃发展，就必须从根本上改变营销策略。

第九章 现在怎么办：转型中学到的经验

◆ 我们从 Zappos 那里学到的主要经验是，它希望成为一家百年老店。但在其领导者的心目中，这可能意味着在 100 年之后人们对 Zappos 的看法会截然不同。正如克里斯塔·福莱告诉我们的那样："未来，如果有人创造了除鞋子之外的其他东西，并且公司所有人都同意转变，也是可以的。不是说公司唯一的解决方案就是鞋子。这样只会让你陷入困境。"

◆ 我们从施耐德电气学到的最好经验就是提供高质量的内容，保持卓越的输出，并且能够抵制扩张的冲动。正如苏珊告诉我们的那样："我们决定排除学生数量上的任何障碍——因为这样可以更好地满足我们的整体目标。"

◆ 我们从第三个营销案例中也学习到了丰富的经验。如果受众真正重视你与他们的沟通，那么他们愿意为此付钱。正如皮拉尔所说："这对我们和对他们来说都是最好的选择。我们相信他们愿意为杂志付费，如果没有了这本杂志，他们会很生气。"事实证明她是对的。

第十章　营销的未来

对于人们重蹈我的覆辙这种事，我真是太习以为常了。

——吉米·亨德里克斯

车辙和墓穴的唯一区别在于它们的深度不同。

——艾伦·格拉斯哥

我们杀死营销了吗？它死了吗？

先不管本书标题，你先想想这个问题。我和乔都毫不掩饰地热衷于营销活动，我们都不想终止营销，我们的能力远远不够。**我们想看到的是它的改变、它的扩展，并看到它进化成未来商业模式的策略中心。**

我从事市场营销已经将近 30 年了，我花了很长时间了解市场营销的历史，比我想象的时间还要长。我花了好多个夏天沉浸在很多人的著作里，如西奥多·莱维特、彼得·德鲁克、菲利普·科特勒、迈克·波特和克莱顿·克里斯滕森。周末我会扎进一些企业艰深的历史案例研究中，这些企业用一种发布模式改变了整个企业的运行情况，这可以参考乔现有的 200 个案例中的任何一个，或者看看我的博客"传统营销"。我看电视的时候遇到广

第十章 营销的未来

告从来不快进,我的太太对此非常惊讶。如果你坐飞机翻看航空杂志,发现有些广告页被撕掉了,那我就是那个把广告撕掉的人,因为我想保存下来,作为今天我们营销人员所做事情的见证。

我为自己在营销方面所做的事情感到骄傲,这么说有点轻描淡写,但是我确实非常热爱我的工作,我热爱营销与媒体的理论、科学、艺术以及工艺。而且我有绝对的自信,未来的世界蕴含着创造美妙事物的潜能,这些都来自我们深爱的事业。

但是实现这个目标的方式非常重要。

在乔为本书写的"前言"中,他说过一些非常重要的内容,他是这样说的:

> 传统广告、直销、数字营销甚至社交媒体都在转型。所有这些转型都指向了一种模式,那就是品牌直接与消费者互动,而不再依靠传统媒体这个媒介来实现这一目标。过去不能实现这一目标,因为那时直接与消费者互动困难重重。

但现在,我相信你不需要通过上面这段话和这一章内容就能确定,营销确实正在发生变化。我们都知道营销正在发生变化。所有的营销大咖在接受采访时都这么说。你在有关"营销的未来"的每一篇文章中都能看到类似的话:营销的未来在哪里?

235

简单的回答只有几个字:创造值得谈论的东西。长一点的回答是:营销者应该掌握公司的每一件事。

——赛斯·高汀,作家,演讲家

营销正在向一个重大的变革迈进,如果你只认为它在过去五年发生了变化,那么只能说明你什么都没发现。

——约翰·哈格尔,作家,德勤领先创新中心创始人

未来会发生一种转变:从人们谈论世界变成让世界发声。人们当然不想再成为营销的对象,因此各品牌应该尝试在每一个消费者的触点多去参与,多去对话。我们的目的是让我们创造的东西成为对话的媒介。

——克里斯·布兰特,塔可钟首席营销官

拥有你自己的受众,在一个可以用各种新奇工具创建社区的世界里,接触到消费者、客户以及粉丝都前所未有的简单,去寻求更多的对话机会吧。

——琳达·柏夫,通用电气首席营销官

创造性能量会从机构中溜走,转向发布者与平台,越来越多极其聪明的创造性人才都摒弃了孤立的组织而转投媒体公司与科技公司的创造性部门。

——斯宾塞·巴伊姆,Vice 传媒首席战略官

第十章 营销的未来

营销3.0的时代已经到来。在第一阶段，营销以交易为导向，关注点在于如何卖出东西。在第二阶段，营销以关系为导向，注重如何让顾客重复购买，以及买得更多。到了第三阶段，营销已经转变成邀请顾客参与到企业产品的开发以及与企业的交流中来。

——菲利普·科特勒，作家，教授

当然，营销正在改变，而且一直会变，大部分内容（至少上述引用的言论）看上去都与本书中我们谈论的内容相符。但是乔所说的最后一部分内容恰恰是最重要的，营销的根本性变革就是与受众取得联系并建立关系。

跳出我们自己的营销方式

有一种相对普遍的观点能够把上述许多名言以及它们的对立面连接到一起，那就是营销（作为策略性词语）在大部分组织中拥有战略优势，这是我们或许与一些名人稍有分歧的地方。在全世界上百次咨询活动、客户问询、工作室与团队访问中，营销业务作为企业的科学与艺术，很明显被放在尴尬的位置。

执行团队与首席营销官之间经常出现断层。偶尔，人们也会对营销变得不那么有策略性感到未知的恐惧。另外，当企业面临解决大麻烦时，营销团队中的人们变得越来越效率低下而且受困于此，这也是经常发生的事。

总之，今天的营销在传统俗套中卡壳了，营销的未来可能是光明的，但是需要有人能从背后将它从颓势中踢出来。

思考一下最近的一些发现：

■ 2017年1月，宝侨公司品牌总监马克·普雷查德主持了美国互动广告局的年度领导人会议，他非常遗憾地说："**数字通行的时代已经结束了，是时候该成长起来了，是时候该行动起来了。**"他"**发誓不再为任何与新规则不符的电子媒体、广告技术公司、机构和其他供应线的服务付钱**"。他继续说道："我们向客户提供广告，依靠的是一个不透明的媒体供应链：迎合常规的标准，不可靠的评估，隐性的回扣以及不可见人的欺诈。"

■ 数字杂志《营销周刊》把这次演讲称为"近20年来最重要的营销演讲"。

■ 2012年7月，Fournaise营销集团采访了全球1 200多位首席执行官，采访发现，80%的首席执行官并不信任他们的营销团队所做的事。

第十章 营销的未来

■ 2016年,一项研究发现,89%的营销人员相信他们在数字营销上的努力完全没有作用。71%的人认为他们的数字程序经常难以达到预期效果。

■ 2015年,谷歌公布了一项研究,研究认为56%的数字广告从来没被人们看到过。

■ 美国营销协会一项最新研究发现,营销者的信心在2017年高达69分,而仅仅一年以后,在一些领域的信心就出现了下滑,营销团队的信心下滑体现在:

• 应对竞争的能力——下降6个百分点

• 正在为促进发展做着正确的事——下降5个百分点

• 正在为重要客户投资——下降13个百分点

• 了解营销计划的投资利润——下降11个百分点

另外,也许最重要的是:

• 有合适的实施模式(变得更具竞争力的人员、体系、过程、工具)——下降8个百分点

今年最令人沮丧的是——只有26%的人感到有信心,**这是他们所有自信项目中有史以来的最低分。**

所以,你可能要问,这么多领域的信心都降低了,那么增长的信心从何而来?研究认为:**"营销者不断期望他们的组织能力**

和影响力能够提升，很大程度上是被新数字工具所展现的可能性所驱动的。"

没错，我们又回到了本书的起点，对很多人来说，他们希望未来的技术会将他们从根本性变革的需求中解救出来，他们对此仍有信心。

但是这种挫败感不仅体现在吸引人的数字营销领域，当我和乔在世界各地旅行的时候，也看到了有关内容与媒体的极端反推案例。

根据近期一些杂志、博客甚至一些技术出版物的标题，有人认为与我们合作过的 100 多家企业在过去 36 个月里是在庸人自扰。他们真的把自己陷入一种"内容营销"的狂热中了吗？需要用类似于唐·德雷珀的 4P 营销理论把他们拉回现实吗？

让我们假想有这样一个时刻，这些企业都错了，而批评的声音可能是对的。也许我们需要诚实地问问自己，如果我们在书中讨论的这些品牌——比如红牛、乐高、通用电气、强生、卡夫、Visa——仅仅是因为它们与生俱来的有趣内容而变得与众不同，它们只代表一小部分公司，那么实际上是在用一个"过度炒作"的概念来取代传统营销和广告，像我们这里正在讨论的一样。

我们认为，有可能确实是这样，你也许会感到惊讶。也许这些公司确实很特别，也许它们与众不同，但值得一提的是，这些公司的大多数在早些年间都是很特别的。当时大众媒体营销的新形式打断了整个营销的进程，正如你所看到的：

第十章 营销的未来

■ 卡夫公司在1947年由其代理商沃尔特·汤普森改革了其赞助内容，发布了卡夫电视剧场，成为1947年到1958年许多营销内容的前身。

■ 通用电气最早推出由公司完全赞助的广播节目，称为通用电气剧场，并在1953年为电视带来了新技术。它也是第一个赞助像1893年世界博览会这种盛大活动的公司。另外，通用电气还首创了联合广告赞助这种形式，比如与汽车制造商一起做广告，来证明汽车大灯的重要性。

■ 对乐高公司来说，最近15年没有什么特别的，除了创建了世界最强大的品牌之一。这家公司在2004年濒临破产，但它对于数字内容以及新产品、流程和营销创新的重点关注挽救了自己。正如乐高公司所说，我们过去是个玩具公司，现在我们越来越多地转向媒体公司，讲述我们这些方块的故事。

因此，也许不是这个话题让这些公司变得特殊，恰恰是它们想要改变和适应的决心让它们变得特殊。

但是我们发现一些其他反推也是正确的，你准备好了吗？任何人说这些营销新模式都是正确的：

> ■ 不是最新的
> ■ 太难了
> ■ 不会为现有的营销活动创造更多价值
> ■ 比广告更贵

　　我们在本书中所谈论的公司所识别出的是挖掘市场营销价值的众多机会，在销售商品、创造价值中得以生存。这种营销新模式不是直销活动的替代品，它是企业运行首要策略中的进化环节。

　　换言之，这些企业并非通过内容进化来改善营销，而是使用内容来变革自己的营销方式，从而让自己变得更好。

　　所以，为什么不改变呢？让我们来看看其中的一些挑战吧。

业务转型案例

　　几乎在每个我参加或主持的营销会议中，都会有来自某个品牌的人提出关于变革的同样的问题："我如何让我的老板相信这件事值得去做？"

　　我们需要认清一点，问题中的"这件事"确实是你从本书中读到的某些事。

第十章 营销的未来

坦白讲,我并不想回答这个问题。作为营销者,我们会说:"我刚才读了一本书,里边有好多非常有趣的公司案例,他们通过内容营销做着有趣又有创意的事,同时使企业发生变化——我怎样让我的老板相信我们也应该这么做呢?"

但老板实际上听到的是:"我们为什么要在内容上投资,我们好像只干了这么一件事。"老板脸上"我听不懂"的表情基本上就是:"我们已经花了那么多钱用于创造大量内容了,你所说的回报在哪里?"

换言之,营销者想要一辆新车,首席执行官却回答说:"你之前已经买了的那些玩意儿怎么办?"

不要掩饰,对于任何企图生成营销操作模型的首席营销官、总裁、董事来说,这种反推都将会对改革的每个方面造成打击。正如本书强调的很多成功故事一样,一些失败也不可避免。有人最近给我发了一篇《华尔街日报》刊登的文章,文章主要讲的是GoPro如何临时解雇了200人,丧失了核心内容的故事,并质疑了自媒体战略引导营销运作的效力。

我在第一章说过,当你发明一艘船时,你也发明了船舶失事,但重点是,我们发明船舶失事的前提在于我们发明了船。

不管你在一个小公司还是财富100强的全球大企业,我们都能找到自己的道路,在一个旅程中共同探索。最近几年,如果我们做的是对的,那么我们就是"早期开拓者"、"优秀的人"以及"个例研究"。如果我们错了呢?没有人会听到这些,但是你知道吗，这发生在每个人身上。

当我们进入反推的领域，有耐心的人能够获得成功。要获得早期的胜利，先做到这些是不够的，还需要持续努力，那些坚持不懈去做的人仍然是优秀的人，是个例研究。不同之处在于失败的不同，你以后会越来越多地听到它们。

让我数一下一共有几种方式

2017年内容营销协会开展了一项包含3 500位营销人员的研究，我们调查了一下人们在研究时间内感觉成功感降低的情形，前6个回答（所有回应率基本在30%以上）是：

- 时间不够用——51%
- 管理层变动，人员配备问题——48%
- 内容创造遇到挑战——46%
- 缺乏策略（或无法适应）——38%
- 内容营销未受到应有的重视——35%
- 内容营销预算问题——31%

就以上问题来看，对于那些感到不成功的营销人员来说，焦虑的主要原因在于我们处于进退维谷的局面。我们这么努力地创造越来越多的内容，感觉时间不够用或者钱不够用，我们的业务缺乏足够的重视。这就是由"你太差劲了"反推来的，它源于高级管理。当我们创造的内容已经很差劲了，为什么要在内容上投资更多呢？

现在，实际上没有人这么说。不，我们用更多的"业务"语言来解释，正如我在上边提到的，我们会得到这样一些问题：

1. 已经有太多媒体了——我们如何在行业中出类拔萃？
2. 这个营销措施将会比广告更费钱。
3. 我们不是媒体公司——我们无法创造好的内容以构建受众群。
4. 我们无法让内容与收益挂钩。

上述每一条都是正确的，但是我们得先了解一下每一条的中心思想。

1. 已经有太多媒体了——我们如何在行业中出类拔萃？

这个问题也叫作内容冲击，比如我们听到远处的噪音，仿佛在下一场大暴雨，就说："外边雨太大不能出门。"但重点是，大暴雨并不会停止，内容的"大暴雨"早在古登堡发明印刷机之后就开始了，并随着新大众媒体技术的发明不断进行扩散，比如广播、电视，以及现在的互联网。

我对这个问题的回答是："什么叫选择？"我们真的希望"大暴雨"的内容能够平息，不再吵闹吗？我们真的相信直接广告、营销、社交媒体或其他转换机制能够随着时间变化而变得简单吗？确实，在我们的行业中有太多内容，但这并不意味着我们不应该创造内容，而是意味着我们必须投入时间和才能来让自己在内容方面变得更加擅长。

2. 这个营销措施将会比广告更费钱

在营销尤其是数字营销的集体意识里，"广告"实际上变成了衡量物品是否值钱的标准。任何新方法都遵守了一个相同的准则：比广告省钱还是费钱？如果更省钱，那么非常值得做；如果更费钱，就不值得做。这个问题麻烦的地方在于，它假设了两件事，首先，"广告"以及它所涉及的费用是向好的方向发展的，而且以后也不会降级。换一句话说，按照这种模式进行营销会比现在的广告更贵。但如果哪天广告完全失败了呢，而且我们还没来得及投资于其他营销选项。这就把我们带到了关于广告的第二个假设，这种营销方法实际上就是对广告的替代，它也不正确。正如我们看见的，这个营销模式能够提供其他的价值曲线——包括给整个企业增加价值所带来的收益。

3. 我们不是媒体公司——我们无法创造好的内容以构建受众群

如果我们的公司正在遭受打击，产品管理人员去找首席执行官说："我们创造不了好产品。"首席执行官会作何反应？如果情况反过来呢？不管哪种情况，产品管理人员要么是在寻找新工作，要么是相信有人能够创造新产品。这种能够创造好产品与服务的能力就是我们企业的核心能力。

所以，如果我们认真对待这次革命，我们为什么不降低一点要求呢？这个主张的正确性是非常明确的，因为我们还没有特别努力。我们还没有真正发挥创造好内容的力量——因为我们完全沉浸在描述产品价值的内容创造中。

我们训练过员工如何创造好内容吗？我们为那些知道如何创造好内容的人才投资过吗？不管答案是什么，都不是对选择的反对，而是对我们的技能的反对。

4. 我们无法让内容与收益挂钩

简单的答案是：它们并没有关系。有无数的方法能够把商业价值联系起来，正如第九章中提到的，施耐德电气的苏珊·哈特曼拒绝通过影响模型受益，因为这样会减少她的受众规模，并损害另一个商业目标——吸引更多的注意。再来看看 Life Time Fitness 健身中心皮拉尔·吉拉斯莫的例子，她想通过"拧紧"创收水龙头来缩小受众规模，这可能最终会限制她获得广泛受众群的能力。因此这是一个更小的营销项目——但是它不仅为自己付费，也为自己的公司设置了底线，这是一项更聪明的商业决策。

正如著名的躲避球教练派奇思·奥霍利汉所说："如果你能躲避扭伤，你就能躲避球。"如果你能把营销与广告和收益联系起来，那么你就能把内容与收益联系起来。但如果我们再深挖下去，这里真正的观点是，"太过模糊"使得我们无法通过营销建立联系，因此无法为收益画一条直线。现在这个观点可能是正确的，但是不应该争论为什么不要发展——它只是对我们测算能力的一个挑战。

无法移动的目标遇上不可阻挡的力量

在我们研究各种规模的品牌的十年里，公司从不缺乏创新理念，但是理念的巨大财富从来没有得到扩散的机会。公司的领导者常常对创新夸夸其谈，但很少实际去做一做。

一位来自全球最大公关机构的高级经理最近告诉我们："我们常常有开不完的会，管理层做出非常鼓舞人心的指示，告诉我们必须创新，为客户发布新内容和社交媒体方案。'我们马上就要改变——成为客户的媒体操作者，'他说。然后，等演讲一结束，我们都回到了自己的小隔间，让作报告的人去服务客户。"

企业想让它的营销人员变得有创造性——你们也知道，只要他们能证明创造性事物的投资能够给企业带来收益。而这正是制度动力的阻碍。我们这样做营销已经做了这么久了，想改变几乎是不可能的。

那么，我们如何真正开始这些改变呢？我们的未来如何？

开启停止清单

几乎在我做过的每个咨询的最后,即在组内的人员花一天的时间谈论新的内容项目,推进当前营销策略,或者描绘出有中心、有策略的内容的创造过程之后,都会发生一件有趣的事。

有人(有时是我,但大多数时候是整个会议期间最沉默的那个人)会说类似于这样的话:"嗯,我们应该把期望和现实连接起来。"

房间里顿时变得安静起来,人们纷纷点头。实现起来是这样的:做起来会很难,人们必须把所有的事情都做了。随着人们点头,一些反对意见也就不可避免地出现了:

- "我们还得给销售人员准备他们需要的材料呢。"
- "我们每周还得发布四个消费者实时资讯呢。"
- "我们还得更新客户资源网页。"
- "我们还得发布下季度的新产品网页。"

看着几个小组不断更新的实现的弧线,我开始了这几个课程——就在我想到这个新点子之前——我询问了组员们正在做的事情，然后我会问他们为什么要做这些事。他们会写下所有的原因，大多数人的回答类似于"我们平时都这么做"。

在结束的那天，人们点着头，我拿着他们的清单问他们："哪些事情能不做？"他们你看着我我看着你，发出不自在的笑声，"没有，领导会想让我们把所有的都做了"。

现在我们想要创建的案例并不是我们为什么要做新的事情，而是我们为什么要停止做旧的事情。商业专家迈克·波特说过很有名的一句话："策略的本质是选出不想做的事。"我向你保证，如果你相信本书所说的20%的内容，为了提升你的营销行为，你首先应关注的就是你应该停止做一些事情。

那些发给2万名客户而没人会读的实时通讯内容怎么样？那些没有人用的资源中心怎么样？那些要付30%的溢价但不起作用的展示广告怎么样？

万一我们错了呢？

去年夏天，就在我们想给这些想法赋予一些新形式并进行公开展示的时候，一位首席执行官找到我说："我觉得你错了！"他接着说道：

> 我觉得营销不应该是一个利润中心，它应该是分散的。我不相信大部分企业会通过内容去构建受众群，我

认为对大部分公司来说是不可能的。我相信营销的世界是一直变化的，人们现在对他们所消费的内容比较世俗化，那种信任已经没有了。我们谈的现在的营销就和以前的传统营销一样，它一直都是这样，只是包装不同。我们只是变得越来越透明，越来越数字化，速度越来越快了。

我说："你说的可能是对的，但是真的希望不是你说的那样。我真不知道我们还能怎样才能走得比现在更快。"

我和乔都相信，大部分企业都与这位先生想的一样。假设他说的是对的，本书所说的所有内容都是错的。那就让我们假设一下吧：

> ■乔在"前言"中所写的内容是错误的。我们不能或不应该直接去接触消费者，而应该依靠传统媒体的守门人来实现这一目标。
>
> ■我在第二章中所谈及的内容是错误的。对于营销而言，实际上没有必要随着时间的推移而专注于构建一个受众群体，以便当这些客户在寻找解决方案时，我们并不在他们的考虑范围内。
>
> ■乔在第三章中所谈及的内容是错误的。新媒体商业模式和新的营销商业模式并不相同。

> ■ 在第四章中，乔在一项新的营销活动中夸大了收入模型。
>
> ■ 我误用了我在第五章中谈到的节省成本的模型。
>
> ■ 第七章是错误的，并没有媒体商业模式能让品牌把内容作为商业策略的工具。
>
> ■ 或者我在第九章中所说的也是错误的——施耐德电气、Zappos 和 Life Time Fitness 都正在进行有趣的产品或客户忠诚度开发，并不需要改进它们的营销策略。

让我们假装我们所说的都是错的。

但是，尝试又会给你带来什么伤害呢？

我们可以看看 Zappos 的克里斯塔·福莱所说的话：

> 如果它不会造成伤害，或者让我们倒退，如果它足够安全，就可以试一试——我们应该试一试。

好吧，也许这会浪费金钱。

在我与研讨会的一位首席执行官的谈话中，我说。告诉我：你今年创造的内容是多还是少？"毫无疑问，我们正在创造更多，"他说。"没错，"我说。作为企业，我们正在创建越来越多的内容——无论是广告、宣传材料、社交媒体帖子、博客文章、白皮书、视频，还是我们对商业领袖的采访。

"所以，"我问他，"把握住这些媒体并对其进行战略处理是不是有意义——即使只是为了更好地管理成本？即使你从未有构建自媒体的经验，投资一个能够战略性地创建内容的营销流程是不是也有意义？即使你不想成为媒体公司，你所做的一切也不会对你的公司造成损害吧？"

"是的，"他说，"确实如此。"

看，从战略上思考实际上不会花费你更多的钱。但它会让你有机会尝试一些可能带来价值的新的营销方法。

现在我们已经完成了本书的结论，我们希望你会同意我们的说法，在制作、分发和利用内容进行营销方面掌握更多的战略。

现在，我们唯一不能保证的是会在这条路上走多远，获得多少好处。

我和乔在本书开头提到，我们希望你能够消除自己的偏见，开始关注营销，而不仅仅是推动用户需求。我们希望你能看到它，就像你在一个新的国度第一次看到外国人一样。

正如乔在"前言"中所说："最终，你必须决定杀死公司的传统营销模式，只有这样，你才能建立起一种全新的营销模式。"

请以这种方式看待它。如果我和乔是对的，哪怕是一定程度的正确，我们也会给你带来未来 60 年改变我们营销和商业战略的最大机会。我们一开始就以问题的形式写这本书：如果媒体不再接受广告商的广告，这个世界会怎样？如果媒体由广告商创建，这个世界会怎样？

莎士比亚曾经说过："亲爱的布鲁斯，人们可以支配自己的命运，若我们受制于人，那错不在命运，而在我们自己。"作为热爱实践的营销人员，作为未来商业战略家，我们认为未来是取决于我们自己的未来。为了创造未来，我们必须采取我们认为自己做不到的步骤，推翻我们所认为的控制着我们的暴君。营销已经变了，彻底变了。

当你打开这本书时，你已经认识到了这一点。所以剩下的唯一问题是，你打算怎么做呢？

欢迎来到商业的未来。我们用这本书做什么完全取决于我们自己。

干货观点

◆ 我们知道营销正在发生改变，但是我们还没有完全改变旧的营销模式。许多商界意见领袖都在谈论营销对企业运营的好处，但很少有人真正把营销当成一个盈利点，实现利润增长。我们相信营销的关键在于和受众连接，建立关系。

第十章 营销的未来

◈ 我们必须停止目前的营销和广告套路,砍掉原有的成本。市场的变化意味着旧有的营销模式已经结束,新的营销模式会更有效、更便宜。

◈ 像卡夫、通用电气、宝洁和乐高这样的公司选择新营销模式的原因可能比较特别,因为它们积累了大量的精彩故事要讲。也可能正是因为它们一直有着传播企业故事的愿望,才会更愿意改变自己的营销模式。

◈ 即使本书的所有内容都错了,即便将营销部门发展成利润中心是不现实的,创建自媒体对企业的帮助仍然是战略性的,它会大大降低企业在网络时代的营销成本。而且从战略角度上考虑,使用自媒体不会给企业带来更多的支出。

参考文献

前言

1. Amos Tversky and Daniel Kahneman, "Belief in the Law of Small Numbers," Psychological Bulletin 76, no. 2(August 1971): 105—110.

2. Michael Lewis, The Undoing Project (W. W. Norton & Company, 2016).

3. "Franchises: Star Wars," BoxOfficeMojo. com, accessed May 23, 2017, http://www. boxofficemojo. com/franchises/chart/? id=starwars. htm.

4. "The Real Force Behind Star Wars: How George Lucas Built an Empire," TheHollywoodReporter. com, accessed May 23, 2017, http://www. hollywoodreporter. com/news/george-lucas-star-wars-288513.

5. "The Ingenious Path George Lucas Took to Making Billions off Star Wars," BusinessInsider. com, accessed May 23, 2017, http://www. businessinsider. com/how-star-wars-made-george-lucas-a-billionaire-2015-12.

6. "How Star Wars Changed Film Marketing Forever," AMA. org, accessed May 23, 2017, https://www. ama. org/publications/MarketingNews/Pages/the-history-of-marketing-star-wars. aspx.

7. "We Can Say that CCDVTP Is a New Marketing Theory(Philip Kotler)," bayt. com, accessed May 23, 2017, https://www. bayt. com/en/specialties/q/42325/we-can-say-that-quot-ccdvtp-quot-is-a-new-marketing-theory-philip-kotler/.

8. "Mondelez Makes Moves to Look More Like a Media Company," WSJ. com, ac-

cessed May 23, 2017, https://www.wsj.com/articles/mondelez-makes-moves-to-look-more-like-a-media-company-1464692402.

9. "The LEGO Movie," boxofficemojo.com, accessed May 23, 2017, http://www.boxofficemojo.com/movies/?id=lego.htm.

10. Alexis Ohanian, *Without Their Permission* (Business Plus, 2013).

第1章

1. Wikipedia, s. v. "Paul Virilio," accessed May 1, 2017, https://en.wikipedia.org/wiki/Paul-Virilio#cite-note-shipwreck-4.

2. Pulizzi and Rose, Managing Content Marketing (2011).

3. Adam Levy, "HBO Now's Subscriber Growth Is Accelerating," Fool.com, February 13, 2017, https://www.fool.com/investing/2017/02/13/hbo-now-subscriber-growth-is-accelerating.aspx.

4. Trefis Team, "Netflix Subscriber Growth Continues Unabated as Margins Improve," Forbes.com, January 19, 2017, http://www.forbes.com/sites/greatspeculations/2017/01/19/netflix-subscriber-growth-continues-unabated-as-margins-improve/#40e797103437.

5. Todd Spangler, "Netflix Targets 50% of Content to Be Original Programming, CFO Says," Variety.com, September 20, 2016, http://variety.com/2016/digital/news/netflix-50-percent-content-original-programming-cfo-1201865902/.

6. Joseph Lichterman, "After Trump's Election News Organizations See a Bump in Subscriptions and Donations," NiemanLab.org, November 14, 2016, http://www.niemanlab.org/2016/11/after-trumps-election-news-organizations-see-a-bump-in-subscriptions-and-donations/.

7. Adam Levy, "Amazon's Biggest Advantage Is in Original Content," Fool.com, March 19, 2016, https://www.fool.com/investing/general/2016/03/19/amazons-big-

gest-advantage-in-original-content.aspx.

8. Philip H. Dougherty,"Advertising Print Production Costs Up by Less Than 2%," New York Times, February 2, 1983, http://www.nytimes.com/1983/02/02/business/advertising-print-production-costs-up-by-less-than-2.html.

9. Dana Severson,"The Average Cost of National Advertising Campaigns," AZ-Central.com, accessed May 1, 2017, http://yourbusiness.azcentral.com/average-cost-national-advertising-campaigns-26091.html.

10. Jason Lynch,"U.S. Adults Consume an Entire Hour More of Media per Day Than They Did Just Last Year," AdWeek.com, June 27, 2016, http://www.adweek.com/tv-video/us-adults-consume-entire-hour-more-media-day-they-did-just-last-year-172218/.

11. "Facebook Has 50 Minutes of Your Time Each Day. It Wants More," New York Times, May 1, 2017, https://www.nytimes.com/2016/05/06/business/facebook-bends-the-rules-of-audience-engagement-to-its-advantage.html.

12. Joe Lazauskas,"'We Believe in Stories': GE Reports' Tomas Kellner Reveals How He Built the World's Best Brand Mag," Contently.com, February 11, 2015, https://con-tently.com/strategist/2015/02/11/we-believe-in-stories-ge-reports-tomas-kellner-reveals-how-he-built-the-worlds-best-brand-mag/.

13. Liz Bedor,"Why Amex OPEN Forum Is Still the Gold Standard for Content Marketing," Lizbedor.com, accessed May 1, 2017, https://lizbedor.com/2015/08/11/american-express-open-forum-content-marketing/.

14. Pulizzi and Barrett, Get Content, Get Customers (2009).

15. Victor Gao, interview by Claire McDermott, January 2017.

第2章

1. Wikipedia, s.v. "Maria Parloa," accessed May 1, 2017, https://en.wikipe-

dia. org/wiki/Maria-Parloa.

2. Jack,Fitchett,Higgins,Lim,and Ellis,Marketing:A Critical Textbook (2011).

3. Neil Borden,"The Concept of the Marketing Mix,"accessed on Slideshare. net on May 1, 2017, https://www. slideshare. net/wgabriel/neil-borden-heconceptofthemarketingmixblogwgabriel.

4. David Court,Dave Elzinga, Bo Finneman, and Jesko Perrey, "The New Battleground for Marketing-LedGrowth," McKinsey Quarterly, February 2017, Mckinsey. com, http://www. mckinsey. com/business-functions/marketing-and-sales/our-insights/the-new-battleground-for-marketing-led-growth.

5. John Kell,"Lego Says 2015 Was Its 'Best Year Ever,' with Huge Sales Jump," Fortune. com, March 1,2016,http://fortune. com/2016/03/01/lego-sales-toys-2015/.

6. Susan Hartman from Schneider Electric,interview by Claire McDermott,January 2017.

7. Christopher Heine,"Why Johnson & Johnson Treasures BabyCenter's Data," Adweek. com, April 2, 2014, http://www. adweek. com/digital/why-johnson-johson-treasures-babycenters-data-156720/.

8. Joe Pulizzi, Epic Content Marketing: How to Tell a Different Story, Break Through the Clutter,and Win More Customers by Marketing Less (McGraw-Hill Education,2014),300.

9. Richard Beeson,"Content Marketing Strategy,"Agorapulse. com,May 27,2014, http://www. agorapulse. com/blog/content-marketing-strategy-joe-pulizzi.

第 3 章

1. Cosmopolitan Media Kit, accessed May 24, 2017, http://www. cosmomediakit. com/r5/home. asp.

2. Exxon Mobil Guiding Principles,accessed May 24,2017,http://corporate. exx-

onmobil. com/en/company/about-us/guiding-principles/our-guiding-principles.

3. About Dennis Publishing, accessed May 24, 2017, http://www. dennis. co. uk/about/.

4. "The Reinvention of Publishing: Media Firms Diversify to Survive," theguardian. com, accessed May 24, 2017, https://www. theguardian. com/media-network/2017/jan/30/reinvention-publishing-media-firms-diversify-survive.

5. Brook Barnes, "Gwyneth Paltrow and Goop Go into the Fashion Business," nytimes. com, September 10, 2016, https://www. nytimes. com/2016/09/11/fashion/gwyneth-paltrow-goop-fashion-business. html? -r=0.

6. Todd Zenger, "What Is the Theory of Your Firm?," Harvard Business Review, June 2013, https://hbr. org/2013/06/what-is-the-theory-of-your-firm.

7. Red Bull Media House Media Kit, accessed May 24, 2017, https://www. redbullmediahouse. com/fileadmin/upload-media/content-licensing/Red-Bull-Media-House-Sales-Catalog-2015. pdf.

8. Victor Gao, interview by Clare McDermott, January 2017.

9. Mind of the Engineer Study, United Business Media, 2014.

10. 2017 AspenCore Media Kit, accessed May 24, 2017, http://www. aspencore. com/AspenCoreMediaGuide. pdf.

11. Sangram Vajre, interview by Clare McDermott, January 2017.

12. David Nussbaum, interview by Clare McDermott, January 2017.

第 4 章

1. Andrew Jack, "There Are at Least Eight Promising Business Models for Email Newsletters," neimanlab. org, November 10, 2016, http://www. niemanlab. org/2016/11/there-are-at-least-eight-promising-business-models-for-email-newsletters/.

2. Redbox Email Subscription Form, accessed on May 24, 2017, https://

www. redbox. com/email.

3. John Herrman, "How Sponsored Content Is Becoming King in a Facebook World," nytimes. com, July 24, 2016, https://www. nytimes. com/2016/07/25/business/sponsored-content-takes-larger-role-in-media-companies. html? -r=0.

4. "Conan's Sweater Gets Stolen," teamcoco. com, December 4, 2014, 2017, http://teamcoco. com/video/conan-stolen-sweater/.

5. Dan Shewan, "Native Advertising Examples: 5 of the Best(and Worst)," wordstream. com, last updated March 10, 2017, http://www. wordstream. com/blog/ws/2014/07/07/native-advertising-examples.

6. Claus Pilgaard, interview by Clare McDermott, January 2015.

7. Andy Schneider, interview by Clare McDermott, January 2015.

8. Nate Birt, "The Do's and Don'ts of Content Syndication," scribblelive. com, May 31, 2016, http://www. scribblelive. com/blog/2016/05/31/dos-donts-content-syndication/.

9. "1,000 True Fans," kk. org, accessed on May 24, 2017, http://kk. org/thetechnium/1000-true-fans/.

10. Ashley Rodriguez and Zameena Mejia, "Thanks to Trump, the New York Times Added More Subscribers in Three Months Than in All of 2015," qz. com, February 3, 2017, https://qz. com/901684/thanks-to-trump-the-new-york-times-added-more-subscribers-in-three-months-than-in-all-of-2015/.

11. "EOFire's February 2017 Income Report," eofire. com, accessed May 24, 2017, https://www. eofire. com/income42/.

12. David Court, Dave Elzinga, Bo Finneman, and Jesko Perrey, "The New Battleground for Marketing-Led Growth," McKinsey Quarterly, February 2017, http://www. mckinsey. com/business-functions/marketing-and-sales/our-insights/the-new-

battleground-for-marketing-led-growth.

13. Laura Hazard Owen,"Think the Wirecutter Invented Affiliate Revenue? Meet the Mom Who's Been Doing It Since 2010," NiemanLab, February 17, 2017, http://www.niemanlab.org/2017/02/think-the-wirecutter-invented-affiliate-revenue-meet-the-mom-whos-been-doing-it-since-2010/.

14. Crista Foley (Zappos), interview by Clare McDermott, January 2017.

第5章

1. Scott Brinker,"Only 9% of Marketers Have a Complete, Fully Utilized Martech Stack," Chiefmartec.com, August 20, 2015, http://chiefmartec.com/2015/08/9-marketers-complete-fully-utilized-martech-stack/.

2. "15 B2B Case Studies Show How Content Marketing Drives ROI," NewsCred Insights, February 24, 2015, https://insights.newscred.com/15-b2b-case-studies-show-how-content-marketing-drives-roi/#sm.0000icw0wm16zgcvcugveml768xt5.

3. Christopher Heine,"Why Johnson & Johnson Treasures BabyCenter's Data," Adweek, April 4, 2014, http://www.adweek.com/digital/why-johnson-johson-treasures-babycenters-data-156720/.

4. "U.S. 'Switching Economy' Puts Up to $1.3 Trillion of Revenue Up for Grabs for Companies Offering Superior Customer Experiences, Accenture Research Finds,"Accenture.com, October 22, 2013, http://newsroom.accenture.com/news/us-switching-economy-puts-up-to-1-3-trillion-of-revenue-up-for-grabs-for-companies-offering-superior-customer-experiences-accenture-research-finds.htm.

5. Karen Freeman, Patrick Spenner, and Anna Bird,"Three Myths About What Customers Want," Harvard Business Review, May 23, 2012, http://blogs.hbr.org/2012/05/three-myths-about-customer-eng/.

6. "When Are Consumers OK with Brands' Collecting Personal Data?," Market-

ingProfs, accessed May 1, 2017, http://www.marketingprofs.com/charts/2014/25456/when-are-consumers-ok-with-brands-collecting-personal-data.

7. Christa Foley of Zappos, interview by Claire McDermott, January 2017.

第6章

1. Joe Lazauskas, "'We're a Media Company Now': Inside Marriott's Incredible Money-Making Content Studio," Contently.com, November 5, 2015, https://contently.com/strategist/2015/11/05/were-a-media-company-now-inside-marriotts-incredible-money-making-content-studio/.

2. Amanda Todorovich of the Cleveland Clinic, interview by Claire McDermott, January 2017.

3. Sara Sluis, "Casper the Friendly Online Mattress Startup Experiments Early with New Platforms," AdExchanger.com, February 17, 2015, https://adexchanger.com/advertiser/casper-the-friendly-online-mattress-startup-experiments-early-with-new-platforms/.

4. Eric Johnson, "25 Years Later, Walt Mossberg Says Technology Is Still Too Hard to Use," Recode, accessed May 1, 2017, http://www.recode.net/2016/5/9/11636082/walt-mossberg-code-conference-preview-recode-relaunch.

5. MarketingCharts staff, "2 in 3 CMOs Feeling Pressure from the Board to Prove the Value of Marketing," Econsultancy.com, August 29, 2013, http://www.marketingcharts.com/traditional/2-in-3-cmos-feeling-pressure-from-the-board-to-prove-the-value-of-marketing-36293/.

6. Christopher Ratcliff, "96% of Enterprise Businesses 'Feeling the Pressure' of Digital Transformation," Econsultancy.com, August 27, 2014, https://econsultancy.com/blog/65351-96-of-enterprise-businesses-feeling-the-pressure-of-digital-transformation#i.19dz5w915ufdf.

第 7 章

1. James Andrew Miller and Tom Shales, Those Guys Have All the Fun: Inside the World of ESPN (Little, Brown &Company, 2011).

2. Darren Rowse, interview by Clare McDermott, February 2015.

3. "About Digital Photography School," accessed May 25, 2017, https://digital-photography-school.com/about-digital-photography-school/.

4. Jordan Valinsky, "With a 70 Percent Open Rate, Lenny Letter Looks to Video and Beyond," digiday.com, June 16, 2016, https://digiday.com/media/lenny-letter-expansion-plans/.

5. Wikipedia, s. v. "HuffPost," accessed May 25, 2017, https://en.wikipedia.org/wiki/HuffPost.

6. "How Did BuzzFeed Harvest One Million Email Subscribers?," Wildcard Digital via slideshare.net, accessed May 25, 2017, https://www.slideshare.net/wildcard-digital/how-did-buzzfeed-harvest-1-million-subscribers.

7. Brian Clark, interviews by Clare McDermott, January 2015, and by Joe Pulizzi, February 2017.

第 8 章

1. Amanda Todorovich, interview by Clare McDermott, February 2017.

2. Brian Clark, "5 Ways Minimum Viable Audience Gives You an Unfair Business Advantage," copyblogger.com, March 14, 2014, http://www.copyblogger.com/unfair-business-advantage/.

3. Eric Ries, The Lean Startup (Crown Business, 2011).

4. Michael Stelzner, interview by Clare McDermott, January 2015.

5. Tim Ferriss, Tools of Titans (Houghton Mifflin Harcourt, 2016).

6. Jay Baer, "Think like a Television Network to Create a Winning Social Media

Strategy," convinceandconvert. com, accessed May 26, 2017, http://www. convinceandconvert. com/social-media-strategy/think-like-a-television-network-to-create-a-winning-social-media-strategy/.

7. Yeti YouTube page, accessed May 26, 2017, https://www. youtube. com/user/YetiVideos/featured.

8. Steven Fehlberg, "CNN Buys Casey Neistat's Video App Beme," cnn. com, November 28, 2016, https://www. wsj. com/articles/cnn-buys-casey-neistats-video-app-beme-1480353128.

第 9 章

1. Christa Foley of Zappos, interview by Claire McDermott, January 2017.

2. Susan Hartman of Schneider Electric, interview by Claire McDermott, January 2017.

3. Pilar Gerasimo of Life Time Fitness, interview by Claire McDermott, January 2017.

第 10 章

1. "25 Predictions for What Marketing Will Look Like in 2020," Fast Company, March 4, 2015, https://www. fastcompany. com/3043109/sector-forecasting/25-predictions-for-what-marketing-will-look-like-in-2020.

2. Jack Neff, "P&G Tells Digital to Clean Up, Lays Down New Rules for Agencies and Ad Tech to Get Paid," Ad Age, January 29, 2017, http://adage. com/article/media/p-g-s-pritchard-calls-digital-grow-up-new-rules/307742/.

3. Alex Kantrowitz, "56% of Digital Ads Served Are Never Seen, Says Google," Ad Age, December 3, 2014, http://adage. com/article/digital/56-digital-ads-served-google/296062/.

4. AMA's Marketers' Confidence Index, January 2017.

5. Evan Shellshear, "From Bankruptcy to Industry Leading Success—the LEGO

Story," Innovation Management, accessed May 1, 2017, http://www. innovationmanagement. se/2016/07/11/from-bankruptcy-to-industry-leading-success-the-lego-story/.

6. Steve Safran, "GoPro Lays Off 200, Gets Out of the Entertainment Business," AdWeek Network, November 30, 2016, http://www. adweek. com/lostremote/gopro-lays-off-200-gets-out-of-the-entertainment-biz/57934.

7. Christa Foley from Zappos, interview by Claire McDermott, January 2017.

致　谢

感谢内容营销协会的全体工作人员，尤其是克莱尔·麦克德莫特和她出色的采访才能，"JK"卡利诺夫斯基和他出色的设计才能，我非常荣幸拥有你们这些朋友。

感谢吉姆·麦克德莫特（我的导师），我的父母托尼·普利兹和泰瑞·普利兹，我在俄亥俄州克利夫兰的朋友们，你们一直让我的生活充满生趣。

感谢我的孩子约书亚和亚当。无论你们做什么，请记住一定要乐观，即使遇到最灰暗的时光，你们最终也会找到阳光。我为你们两个感到骄傲。

最重要的是感谢我最好的朋友和灵魂伴侣，帕姆！

也感谢罗伯特·罗斯先生，你让这段旅程的有趣程度超过了我的想象。希望我们还能再次合作走过下一段旅程。

——乔·普利兹

感谢内容营销协会的每一个人，你们让我的每一天都变得更好。感谢克莱尔·麦克德莫特，谢谢你从采访对象中发掘的精彩的故事，带给我们灵感。

感谢凯西·麦克奈特和蒂姆·沃尔特斯博士，你们是我的朋友，也是我思想的指南针，我总是在你们的指引下找到真理所在的方向。

感谢我的家人，劳拉、伊丽莎白、黛西和比尔，你们是我的精神支柱，也是我完成本书的动力。

最后要感谢一位来自克利夫兰的绅士，他是一盏指路的明灯，一位幽默的同事，他就是乔·普利兹。自从我认识了他，我成为了更好的我，但我衷心地希望还是能简单地把他称为我的朋友。

——罗伯特·罗斯

Joe Pulizzi，Robert Rose
Killing Marketing: How Innovative Businesses Are Turning Marketing Cost Into Profit   9781260026429
Copyright © 2018 by Joe Pulizzi and Robert Rose.

All Rights reserved. No part of this publication may be reproduced or transmitted in any form or by any means, electronic or mechanical, including without limitation photocopying, recording, taping, or any database, information or retrieval system, without the prior written permission of the publisher.

This authorized Chinese translation edition is jointly published by McGraw-Hill Education and China Renmin University Press. This edition is authorized for sale in the People's Republic of China only, excluding Hong Kong, Macao SAR and Taiwan.

Copyright © 2019 by McGraw-Hill Education and China Renmin University Press.

版权所有。未经出版人事先书面许可，对本出版物的任何部分不得以任何方式或途径复制传播，包括但不限于复印、录制、录音，或通过任何数据库、信息或可检索的系统。

本授权中文简体字翻译版由麦格劳一希尔（亚洲）教育出版公司和中国人民大学出版社合作出版。此版本经授权仅限在中华人民共和国境内（不包括香港特别行政区、澳门特别行政区和台湾）销售。

版权 © 2019 由麦格劳一希尔（亚洲）教育出版公司与中国人民大学出版社所有。

本书封面贴有 McGraw-Hill Education 公司防伪标签，无标签者不得销售。

北京市版权局著作权合同登记号：01-2018-2334

图书在版编目（CIP）数据

杀死营销：打造企业 IP 新策略/（美）乔·普利兹（Joe Pulizzi），（美）罗伯特·罗斯（Robert Rose）著；孙庆磊，朱振奎译．—北京：中国人民大学出版社，2020.5
　　ISBN 978-7-300-27881-0

Ⅰ.①杀… Ⅱ.①乔… ②罗… ③孙… ④朱… Ⅲ.①企业管理—市场营销学 Ⅳ.①F274

中国版本图书馆 CIP 数据核字（2020）第 029674 号

杀死营销
打造企业 IP 新策略
[美] 乔·普利兹（Joe Pulizzi）　罗伯特·罗斯（Robert Rose）　著
孙庆磊　朱振奎　译
Shasi Yingxiao

出版发行	中国人民大学出版社		
社　　址	北京中关村大街 31 号	邮政编码	100080
电　　话	010-62511242（总编室）	010-62511770（质管部）	
	010-82501766（邮购部）	010-62514148（门市部）	
	010-62515195（发行公司）	010-62515275（盗版举报）	
网　　址	http://www.crup.com.cn		
经　　销	新华书店		
印　　刷	北京联兴盛业印刷股份有限公司		
规　　格	148mm×210mm　32 开本	版　　次	2020 年 5 月第 1 版
印　　张	9 插页 4	印　　次	2020 年 5 月第 1 次印刷
字　　数	175 000	定　　价	69.00 元

版权所有　侵权必究　　印装差错　负责调换

兴趣变现
内容营销之父教你打造有"趣"的个人IP
乔·普利兹、孙庆磊　著

马化腾说：玩也是一种生产力！
这本书就是要告诉你：你的兴趣价值千万！
个人兴趣变现的行动指南　企业全员营销的赋能机制
没有营销术语的个人营销书，看了就懂，马上能用

个人运用本书的方法，把兴趣与擅长的技能相结合，使其转化为有吸引力的内容，成功在某个领域构建有"趣"的个人IP。通过6个步骤将兴趣变成可持续盈利的资产，实现多重收入，同时收获乐趣与成就！

企业推行本书的策略，用有价值的内容赋能员工，使每一位员工成为企业的推手，用内容营销策略实现1乘以N的影响力扩散，打造指数级品牌效应。

热点
引爆内容营销的 6 个密码
马克·舍费尔　著
曲秋晨　译

百万粉丝、千万点击背后的方法、逻辑和心理机制

打造爆款内容实战攻略

你是不是常常困惑：我创作内容，利用社交媒体，并紧跟每一次数字营销的创新和新平台的运作，可为什么我的业务和影响力没有明显起色？

在信息极度过剩的时代，如何让你的内容脱颖而出？本书详尽披露了如何收获核心粉丝、形成社会认同、引爆热点，进而成功塑造伟大的企业和个人品牌。

故事营销有多重要
用终极故事和传媒思维打造独特品牌
尼克·南顿、杰克·迪克斯　著
间佳、邓瑞华　译

权威：艾美奖（美国电视剧界的奥斯卡）得主、世界著名品牌专家作品。
独特：用好莱坞手法赢战商界的全部秘密。
实战：迪斯尼、赛百味、复仇者联盟等大量真实企业案例和经典实战步骤。

故事对于大众来说极有力量，难以抗拒。故事营销是商界最好的说服别人的工具。本书深度揭示故事营销理念和实战步骤。